3500 palavras em italiano

1ª Reimpressão

© 2008 Thierry Belhassen

Capa e projeto gráfico
Paula Astiz

Editoração eletrônica
Paula Astiz / Paula Astiz Design

Ilustrações
Lydia Megumi

Dados Internacionais de Catalogação na Publicação (CIP)
(Câmara Brasileira do Livro, SP, Brasil)

Belhassen, Thierry
   3500 palavras em italiano / Thierry Belhassen ; [ilustrações Lydia Megumi]. – Barueri, SP : DISAL, 2008.

   ISBN 978-85-7844-000-8

   1. Italiano – Vocabulários e manuais de conversação – Português I. Megumi, Lydia. II. Título.

08-05774   CDD-458.2469

Índices para catálogo sistemático:
1. Guia de conversação italiano-português : Linguística   458.2469

Todos os direitos reservados em nome de:

Bantim, Canato e Guazzelli Editora Ltda.
Al. Mamoré, 911, sala 107, Alphaville
06454-040, Barueri, SP
Tel./Fax: (11) 4195-2811

Visite nosso site: www.disaleditora.com.br
Vendas:
Televendas: (11) 3226-3111
Fax gratuito: 0800 7707 105/106
E-mail para pedidos: comercialdisal@disal.com.br

Nenhuma parte desta publicação pode ser reproduzida, arquivada nem transmitida de nenhuma forma ou meio sem permissão expressa e escrita da Editora.

SUMÁRIO
SOMMARIO

VIAGENS **VIAGGI** 7

De Avião *In Aereo* 7
De Barco *In Barca* 11
De Trem *In Treno* 12
De Carro *In Macchina* 14

FÉRIAS **VACANZE** 18

No Hotel *In Albergo* 18
No Restaurante *In Ristorante* 19
Comida *Cibo* 21

COMPRAS **SPESE** 28

Roupa *Abbigliamento* 30
Som *Suono* 33
Livros *Libri* 35
Tabaco *Tabacco* 36
Lavanderia *Lavanderia* 37
Fotografia *Fotografia* 38
Jóias *Gioielli* 39
Correio e Telefone *Posta e Telefono* 40
Supermercado *Supermercato* 41
Papelaria *Cartoleria* 42
Drogaria *Farmacia* 42
Ferragens *Ferramenta* 43
Flores *Fiori* 44

NA PRAIA **IN SPIAGGIA** 46

NA MONTANHA **IN MONTAGNA** 49

NA RUA **PER STRADA** 51

Diversões *Svaghi* 53

NO CAMPO *IN CAMPAGNA* 56

Pomar *Frutteto* 57
Floresta *Foresta* 58
Tempo e Estações *Tempo e Stagioni* 59
Animais *Animali* 62
Animais Selvagens *Animali Selvatici* 63

NO TRABALHO *NEL LAVORO* 68

Na Escola *A Scuola* 68
Números *Numeri* 70
Negócios *Affari* 72

A MÍDIA *I MASS MEDIA* 76

A POLÍTICA *LA POLITICA* 79

CRIME E CASTIGO *CRIMINE E CASTIGO* 82

GUERRA E PAZ *GUERRA E PACE* 85

O DIA A DIA *IL QUOTIDIANO* 88

Em Casa *A Casa* 88
Móveis e Acessórios *Mobili e Accessori* 90
Família e Amigos *Famiglia e Amici* 93

LAZER *OZIO* 96

Festas *Feste* 96
Esportes e Jogos *Sport e Giochi* 97

SAÚDE *SALUTE* 102

Corpo *Corpo* 102
Doença *Malattia* 105
Acidentes e Morte *Incidenti e Morte* 108
Sentidos *Sensi* 109
Coração e Mente *Cuore e Mente* 113

PALAVRAS ÚTEIS *PAROLE UTILI* 116

VIAGENS
VIAGGI

De Avião *In Aereo*

uma agência de viagens *una agenzia di viaggi*
uma viagem *un viaggio*
a companhia aérea *la compagnia aerea*
um bilhete *un biglietto*
um bilhete de ida *un biglietto di andata*
um bilhete de ida e volta *un biglietto di andata e ritorno*
um passaporte *un passaporto*
um visto *un permesso di soggiorno*
a taxa de cambio *la tassa di cambio*
o dinheiro *il denaro*
as férias *le vacanze*
o viajante *il viaggiatore*
o turista *il turista*
um estrangeiro *uno straniero*
um estranho *un estraneo*
um país *un Paese*
o aeroporto *l'aeroporto*
a bagagem *il bagaglio*
a mala *la valigia*
uma sacola *una borsa, sporta*
a bolsa *la borsetta*
a carteira *il portafogli*
um carrinho de bagagem *un carrello di bagaglio*
o carregador *il facchino*
o aviso *l'avviso*

3.500 PALAVRAS EM ITALIANO

a alfândega   *la dogana*
o funcionário da alfândega   *il doganiere*
a taxa   *la tassa*
uma garrafa   *una bottiglia*
cigarros   *sigarette*
charutos   *sigari*
o tabaco   *il tabacco*
um perfume   *un profumo*
a joalheria   *la gioielleria*
os binóculos   *i binocoli*
os óculos   *gli occhiali*
uma máquina fotográfica   *una macchina fotografica*
um gravador   *un registratore*
um vídeo   *un video*
um computador   *un computer*
um formulário   *un formulario*
o helicóptero   *l'elicottero*
o planador   *l'aliante*
o avião a jato   *il jet*
a decolagem   *il decollagio, il decollo*
a pista   *la pista*
a tripulação   *l' equipaggio*
a aeromoça   *l' hostess*
o piloto   *il pilota*
o passageiro   *il passeggero*
o avião   *l'aereo*
o vôo   *il volo*
a cabina   *la cabina*
a classe   *la classe*
o lugar   *il posto*
o cinto de segurança   *la cintura di sicurezza*
a máscara de oxigênio   *la maschera d'ossigeno*

VIAGENS VIAGGI

o enjôo   *la nausea*
a bandeja   *il vassoio*
a janela   *la finestra*
a asa   *l'ala*
a aterrissagem   *l'atterraggio*
a partida   *la partenza*
a chegada   *l'arrivo*
o taxi   *il tassì*
o carro   *la macchina*
o ônibus   *l'autobus*
o trem   *il treno*
a tarifa   *la tariffa*
a gorjeta   *la mancia*
o hotel   *l'albergo*
a reserva   *la prenotazione*
o quarto   *la stanza*
o elevador   *l'ascensore*
a chave   *la chiave*
o número do quarto   *il numero della camera*
o banheiro   *il bagno*
um guia   *una guida*
o sol   *il sole*
a chuva   *la pioggia*
o guarda-chuva   *l'ombrello*
a neve   *la neve*
* * *
molhado   *bagnato*
seco   *secco*
caro   *caro*
barato   *buon mercato, basso prezzo*
quente   *caldo*
muito quente   *molto caldo*
frio   *freddo*

3.500 PALAVRAS EM ITALIANO

gelado *gelato*
chuvoso *piovoso*
ventoso *ventoso*
ensolarado *soleggiato*
perto *vicino*
longe *lontano*
pesado *pesante*
leve *leggero*
turístico *turistico*
rápido *rapido*
devagar *piano*

* * *

viajar *viaggiare*
tomar o avião *prendere l'aereo*
voar *volare*
tirar férias *prendere le vacanze*
reservar *prenotare*
confirmar *confermare*
cancelar *cancellare*
despachar *spedire*
apertar o cinto *allacciare la cintura*
passar pela alfândega *passare per la dogana*
declarar *dichiarare*
pedir informações *chiedere informazioni*
alugar *affittare*
visitar *visitare*
chamar *chiamare*
passear *passeggiare*
chover *piovere*
nevar *nevicare*
gear *gelare*
contratar *contrattare*

VIAGENS   VIAGGI

De Barco   *In Barca*

a companhia de navegação   *la compagnia di navigazione*
um cruzeiro   *una crociera*
o porto   *il porto*
o cais   *il molo*
o estaleiro   *il cantiere navale*
um armazém   *un magazzino*
o quebra-mar   *il molo*
um barco   *una barca*
um navio   *una nave*
um cargueiro   *un naveda carico*
um rebocador   *un rimorchiatore*
um barco salva-vidas   *una barca di salvataggio*
um colete salva-vidas   *un giubbotto salvagente*
o salão   *il salone*
o bar   *il bar*
a sala de jantar   *la sala da pranzo*
a sala de jogos   *la sala da gioco*
o camarote   *la cabina*
o beliche   *la cuccetta*
a vigia   *la veglia, l'oblò*
a passarela   *la passerella*
a escada   *la scala*
o convés   *il ponte*
o capitão   *il capitano*
o camaroteiro   *il cameriere*
o marinheiro   *il marinaio*
a carga   *il carico*
o guindaste   *la gru*
o baú   *il baule*
o farol   *il fanale*

3.500 PALAVRAS EM ITALIANO

o mar *il mare*
uma ilha *un'isola*
a terra *la terra*
o oceano *l'oceano*
a onda *l'onda*
a maré *la marea*
a corrente *la corrente*
a tempestade *la tempesta*
as nuvens *le nuvole*
o céu *il cielo*
os destroços *i rottami*

* * *

enjoado *nauseato*
profundo *profondo*
raso *basso*
agitado *agitato*
calmo *calmo*
liso *liscio*

* * *

embarcar *imbarcare*
navegar *navigare*
afundar *affondare*
remar *remare*

De Trem *In Treno*

o trem *il treno*
a estação *la stazione*
a plataforma *il binario*
a sala de espera *la sala d'attesa*
o bufê *il buffetto*
a entrada *l'entrata*
a saída *l'uscita*
a bilheteria *la biglietteria*

VIAGENS VIAGGI

o depósito de bagagens *il deposito bagagli*
a recepção *la reception*
a entrega *la consegna*
a devolução *la restituzione*
as informações *le informazioni*
a banca de jornais *l'edicola*
o horário *l'orario*
o chefe da estação *il capo stazione*
o carregador *il facchino*
o cobrador *il bigliettaio*
a porta *la porta*
o porta bagagens *il portabagagli*
o assento *il sedile*
a janela *la finestra*
a cortina *la tenda*
o estribo *il gradino*
o vagão-leito *il vagone letto*
o vagão-restaurante *il vagone ristorante*
o corredor *il corridoio*
o compartimento *lo scompartimento*
os trilhos *le rotaie*
as agulhas *gli aghi*
o sinal *il segnale*
um dormente *un dormente*
a via férrea *la ferrovia*
o pára-choque *il paraurti*
a carga *il carico*
o túnel *il tunel*
a passagem de nível *il passaggio a nivello*
* * *
perder o trem *perdere il treno*
partir *partire*
ter pressa *aver fretta*

3.500 PALAVRAS EM ITALIANO

parar *fermare*
esperar *aspettare*
atrasar *ritardare*

De Carro *In Macchina*

o motorista *l'autista, il guidatore*
a carteira de motorista *la patente di guida*
o passageiro *il passeggero*
o pedestre *il pedone*
a estrada *la strada*
a auto-estrada *l'autostrada*
o carro *la macchina*
o caminhão *il camion*
o ônibus *l'autobus*
a motocicleta *la motocicletta*
a carroceria *la carrozzeria*
o pára-choque *il paraurti*
o pára-brisa *il parabrezza*
o limpador de pára-brisa *il tergicristallo*
a roda *la ruota*
a calota *la calotta*
um pneu *una gomma, un pneumatico*
o furo *il buco*
o estepe *la ruota di scorta*
a pressão dos pneus *la pressione delle gomme*
o macaco *il cric*
o porta-malas *il portabagagli, il baule*
as portas *gli sportelli*
a placa *la targa*
a fechadura *la serratura*
a maçaneta *il pomello, maniglia*
os bancos *i sedili*

VIAGENS VIAGGI

o cinto de segurança *la cintura di sicurezza*
o capô *il cofano*
o volante *il volante*
um botão *un bottone*
o afogador *l'affogatore*
o pisca-pisca *la freccia*
a chave de ignição *la chiave di contatto*
os pedais *i pedali*
os freios *i freni*
o breque de mão *il freno da mano*
o acelerador *l'acceleratore*
a embreagem *la frizione*
o câmbio *il cambio*
a alavanca de marchas *il cambio delle marce*
as marchas *le marce*
a ré *retromarcia*
a buzina *il "clacson", l'avvisatore acustico*
o interruptor *l'interruttore*
o velocímetro *il contachilometri*
a velocidade *la velocità*
os faróis *i fari*
o tanque *il serbatoio*
a gasolina *la benzina*
um posto de gasolina *un distributore di
    benzina*
a bomba de gasolina *la pompa della benzina*
o motor *il motore*
a vareta do óleo *l'asta dell'olio*
o óleo *l'olio*
as velas *le candele*
os cilindros *i cilindri*
o cabeçote *l'elettrodo*
as válvulas *le valvole*

15

3.500 PALAVRAS EM ITALIANO

o carburador   *il carburatore*
o radiador   *il radiatore*
a ventoinha   *il ventilatore*
a correia   *la cinghia*
a bateria   *la batteria*
os amortecedores   *gli ammortizzatori*
as molas   *le molle*
a suspensão   *la sospenzione*
a transmissão   *la trasmissione*
o escapamento   *lo scappamento*
o estacionamento   *il parcheggio*
um acidente   *un incidente*
a pane   *in panne*
o vazamento   *lo scorrimento, la perdita*
o mecânico   *il meccanico*

* * *

potente   *potente*
rápido   *rapido*
devagar   *adagio, piano*
cheio   *pieno*
vazio   *vuoto*
seguro   *sicuro*
perigoso   *pericoloso*
escorregadio   *scivoloso*
seco   *secco*
molhado   *bagnato*
conversível   *convertibile*
errado   *sbagliato*
certo   *giusto*
novo   *nuovo*
usado   *usato*

* * *

VIAGENS VIAGGI

dar partida *avviare*
dirigir *guidare*
acelerar *accelerare*
brecar *frenare*
parar *fermare*
estacionar *parcheggiare*
mudar as marchas *cambiare le marcie*
virar *girare*
reduzir a velocidade *rallentare*
ultrapassar *superare*
derrapar *slittare*
guinar *sterzare*
guinchar *rimorchiare*
quebrar *rompere*
consertar *riparare*
verificar *verificare*
encher o tanque *riempire il serbatoio,
    fare il pieno*
bater *battere*

FÉRIAS *VACANZE*

No Hotel *In Albergo*

um hotel   *un albergo*
a recepção   *la reception*
o elevador   *l'ascensore*
o andar   *il piano*
a chave   *la chiave*
um quarto   *una stanza, una camera*
a cama   *il letto*
uma cama de casal   *un letto matrimoniale*
o lençol   *il lenzuolo*
um travesseiro   *un guanciale, un cuscino*
o colchão   *il materasso*
o cobertor   *la coperta*
uma cômoda   *un comò*
uma gaveta   *un cassetto*
um armário   *un armadio*
o cabide   *l'attaccapanni*
o espelho   *lo specchio*
a lâmpada   *la lampadina*
a mesa   *il tavolo*
a cadeira   *la sedia*
a poltrona   *la poltrona*
o banheiro   *il bagno*
a ducha   *la doccia*
a pia   *il lavabo*
a privada   *il water*
a descarga   *lo sciacquone*
a torneira   *il rubinetto*
a água   *l'acqua*

FÉRIAS VACANZE

a toalha   *l'asciugamano*
o sabonete   *la saponetta*
a escova de dente   *lo spazzolino*
a pasta de dente   *il dentifricio*
o cinzeiro   *il portaceneri*
a bandeja   *il vassoio*
a tomada   *la presa*
o café da manhã   *la prima colazione*
o almoço   *il pranzo*
o jantar   *la cena*

* * *

espaçoso   *spazioso*
grande   *grande*
pequeno   *piccolo*
confortável   *confortevole*
agradável   *gradevole*
feio   *brutto*
horrível   *orribile*
chique   *elegante*

* * *

descansar   *riposare*
sentar   *sedersi*
dormir   *dormire*
sonhar   *sognare*
comer   *mangiare*
puxar   *tirare*
empurrar   *spingere*

No Restaurante   *Al Ristorante*

o restaurante   *il ristorante*
o porteiro   *il portiere*
a porta giratória   *la porta giratoria*
o terraço   *la terrazza*

3.500 PALAVRAS EM ITALIANO

o bar   *il bar*
o balcão   *il banco*
o garçom do bar   *il barista*
a garçonete do bar   *la barista*
uma cadeira de bar   *una seggiola di bar*
o maitre   *il principale*
o garçom   *il cameriere*
a bandeja   *il vassoio*
a garçonete   *la cameriera*
a mesa   *il tavolo*
a cadeira   *la sedia*
a toalha de mesa   *la tovaglia*
o guardanapo   *il tovagliolo*
o garfo   *la forchetta*
a faca   *il coltello*
a colher   *il cucchiaio*
o prato   *il piatto*
um copo   *un bicchiere*
uma jarra   *una caraffa*
um bule de chá   *una teiera*
a manteigueira   *la burriera*
o açucareiro   *la zuccheriera*
o cesto de pão   *il cestino di pane*
o pires   *il piattino*
a xícara   *la tazza*
o menu   *il menu*
a lista dos vinhos   *la lista dei vini*
uma refeição   *un pasto*
uma bebida   *una bibita*
um canudo   *una cannuccia*
um palito de dente   *uno stuzzicadenti*
uma garrafa   *una bottiglia*
o saca-rolhas   *il cavatappi*

FÉRIAS VACANZE

a rolha *il tappo*
o cozinheiro *il cuoco*
o aperitivo *l'aperitivo*
o prato *il piatto*
a salada *l'insalata*
a entrada *l'antipasto*
a sobremesa *il dessert*
a comida *il cibo*
a conta *il conto*
a gorjeta *la mancia*

Comida *Cibo*

a carne *la carne*
a carne bovina *la carne di manzo*
um bife *una bistecca*
a carne de porco *la carne di maiale*
uma costeleta *una cotoletta*
a carne de cordeiro *la carne di agnello*
o carneiro *il montone*
o rim *il rognone*
o fígado *il fegato*
o presunto *il prosciutto*
o frango *il pollo*
o pato *l'anatra*
o peru *il tacchino*
a perdiz *pernice*
o faisão *il fagiano*
uma lingüiça *una salsiccia*
uma carne assada *una carne arrosta*
uma carne cozida *una carne cotta*
um guisado *uno stufato*
a língua *la lingua*
o escargô *la lumaca*

3.500 PALAVRAS EM ITALIANO

a rã *la rana*
o peixe *il pesce*
a pescada *il merlango*
o bacalhau *il baccalá*
a enguia *l'anguilla*
o atum *il tonno*
o arenque *l'aringa*
a sardinha *la sardina*
a truta *la trota*
o linguado *la sogliola*
os mariscos *le cozze*
os camarões *i gamberi*
as ostras *le ostriche*
os mexilhões *le arselle, le vongole*
a lula *il calamaro, la seppia*
o polvo *il polpo, la piovra*
a lagosta *l'aragosta*
o caranguejo *il granchio*

* * *

as verduras *gli ortaggi, le verdure*
o milho *il mais*
o arroz *il riso*
a batata *la patata*
o feijão *il fagiolo*
o repolho *il cavolo*
a cenoura *la carota*
o tomate *il pomodoro*
o pepino *il cetriolo*
a beterraba *la barbabietola*
a couve-flor *il cavolfiore*
o aspargo *l'asparago*
a alface *la lattuga*
o alho-poró *il porro*

FÉRIAS VACANZE

a cebola *la cipolla*
a vagem *il fagiolino*
a ervilha *il pisello*
o espinafre *lo spinacio*
o cogumelo *il fungo*
o rabanete *ravanello*

* * *

as frutas *la frutta*
o abacaxi *l'ananas*
a banana *la banana*
a uva *l'uva*
a maçã *la mela*
a laranja *l'arancia*
a mexerica *il mandarino*
o melão *il melone*
a melancia *l'anguria*
o morango *la fragola*
o figo *il fico*
o grapefruit *il pompelmo*
a groselha *il ribes*
a framboesa *il lampone*
a amora *la mora*
a cereja *la ciliegia*
o pêssego *la pesca*
a pêra *la pera*
o damasco *l'albicocca*
as amêndoas *le mandorle*
a tâmara *il dattero*
a ameixa *la prugna*
o caroço *il nocciolo*

* * *

uma bebida *una bibita*
um gelo *un ghiaccio*

3.500 PALAVRAS EM ITALIANO

a água   *l'acqua*
a água mineral   *l'acqua minerale*
um suco de fruta   *un succo di frutta*
um refrigerante   *un rinfresco*
um vinho   *un vino*
um champanhe   *uno spumante*
uma cerveja   *una birra*
uma cidra   *uno sidro*
uma limonada   *una limonata*
uma laranjada   *un'aranciata*
uma bebida alcoólica   *una bevanda alcolica*
uma bebida não alcoólica   *una bevanda analcolica*
um licor   *un liquore*
um conhaque   *un cognac*
um gim   *un gin*
um vinho do Porto   *un vino del porto*
um whisky   *un whisky*
o leite   *il latte*
o café   *il caffè*
o chá   *il tè*
o chocolate   *la cioccolata*
* * *
o sal   *il sale*
a pimenta   *il pepe*
a mostarda   *la senape*
o vinagre   *l'aceto*
o óleo   *l'olio*
o molho   *il sugo*
a manteiga   *il burro*
o creme   *la panna*
a margarina   *la margarina*
o pão   *il pane*

FÉRIAS VACANZE

um filão   *una filone*
um pão de forma   *un pane americano*
um pãozinho   *un panino*
uma fatia, um pedaço   *una fetta, un pezzo*
as migalhas   *le briciole*
a massa   *la pasta*
a farinha   *la farina*
um ovo   *un uovo*
um bolo   *una torta*
uma torta   *una crostata*
um bolo inglês   *una torta inglese*
uma rosquinha   *una ciambella*
uma bomba   *un profiteroles*
um bolinho   *una pastina*
um rocambole   *un dolce di pasta arrotolata*
uma omelete   *una frittata*
um queijo   *un formaggio*
uma bolacha   *un biscotto*
batatas fritas   *patate fritte*
uma sopa   *una zuppa*
um caldo   *un brodo*
os temperos   *i condimenti*
o alho   *l'aglio*
a salsa   *il prezzemolo*
um sanduíche   *un panino*
o lanche   *la merenda*
o sorvete   *il gelato*
a geléia   *la marmellata*
a sede   *la sete*
a fome   *la fame*
um regime   *una dieta*

* * *

3.500 PALAVRAS EM ITALIANO

frito *fritto*
cozido *cotto*
mal passado *al sangue*
ao ponto *a mezza cottura*
bem passado *ben cotto*
assado *arrosto*
grelhado *arrosto alla griglia*
cru *crudo*
gostoso *gustoso, saporito*
delicioso *delizioso*
bom *buono*
ruim *cattivo*
macio *tenero*
duro *duro*
maduro *maturo*
saudável *sano*
doce *dolce*
amargo *amaro*
azedo *acido*
fresco *fresco*
podre *marcio*
gorduroso *grasso*
* * *
cozinhar *cucinare*
ferver *bollire*
fritar *friggere*
assar *arrostire*
grelhar *grigliare*
preparar *preparare*
cortar *tagliare*
descascar *sbucciare*
queimar *bruciare*
comer *mangiare*

FÉRIAS   VACANZE

experimentar   *assaggiare*
mastigar   *masticare*
engolir   *inghiottire*
gostar   *piacere*
digerir   *digerire*
beber   *bere*
bebericar   *sorseggiare*
estar com fome   *aver fame*
estar com sede   *avere sete*
morrer de fome   *morire di fame*
engordar   *ingrassare*
emagrecer   *dimagrire*
servir   *servire*
servir-se   *servirsi*

COMPRAS
SPESE

um shopping center   *un centro commerciale*
uma loja   *un negozio*
um grande magazine   *un grande magazzino*
a drogaria   *la farmacia*
a joalheria   *la gioielleria*
a padaria   *la panetteria*
o açougue   *la macelleria*
a papelaria   *la cartoleria*
a mercearia   *la drogheria*
a loja de ferragens   *un negozio di ferramenta*
a livraria   *la libreria*
o supermercado   *il supermercato*
a confeitaria   *la pasticceria*
a lavanderia   *la lavanderia*
uma loja de roupas   *un negozio di abbigliamento*
a tabacaria   *la tabaccheria*
a floricultura   *il fioraio*
uma loja de discos   *un negozio di dischi*
o cabeleireiro   *il parrucchiere*
o barbeiro   *il barbiere*
o chaveiro   *il fabero*
o sapateiro   *il calzolaio*
o encanador   *l'idraulico, il fontaniere*
o pintor   *l'imbianchino*
o eletricista   *l'elettricista*
o marceneiro   *il falegname*
o balcão   *il banco*
a vitrine   *la vetrina*

COMPRAS SPESE

a exposição *l'esposizione*
a caixa *la cassa*
a mercadoria *la merce*
um produto *un prodotto*
um artigo *un articolo*
uma liquidação *una liquidazione, una svendita*
uma pechincha *un'occasione*
um vendedor *un commesso*
uma vendedora *una commessa*
um comerciante *un commerciante*
um freguês *un cliente*
o dinheiro *il denaro*
uma nota *una banconota*
uma moeda *una moneta*
o troco *il resto*
o talão de cheque *il libretto degli assegni*
um cheque *un assegno*
um cartão de crédito *una carta di credito*
um pacote *un pacco*
um saco de compras *una busta*

* * *

comprar *comprare*
vender *vendere*
escolher *scegliere*
mostrar *mostrare*
atender *servire*
encomendar *ordinare*
entregar *consegnare*
embrulhar *impacchettare*
pesar *pesare*

3.500 PALAVRAS EM ITALIANO

Roupa *Indumenti*

uma meia *una calza*
meias de mulher *calze da donna*
meia-calça *calzamaglia, collant*
um chinelo *un sandalo di gomma*
um sapato *una scarpa*
uma bota *uno stivale*
um tênis *un tennis*
as sandálias *i sandali*
a ponta *la punta*
a biqueira *il beccuccio*
os laços *le stringhe*
os ilhóses *i buchi delle stringhe*
a lingüeta *la linguetta*
a costura *la cucitura*
o salto *il tacco*
a sola *la suola*
roupa de baixo *biancheria intima*
uma cueca *le mutande*
calcinhas *mutandine*
um sutiã *il reggiseno*
uma camiseta *una camicetta*
uma calça *i pantaloni*
um bolso *una tasca*
a braguilha *la patta dei pantaloni, cerniera*
a prega *la piega*
um cinto *una cintura*
a fivela *la fibbia*
os suspensórios *le bretelle*
uma saia *una gonna*
um vestido *un vestito*
uma camisa *una camicia*
o punho *il pugno*

COMPRAS SPESE

uma gravata *una cravatta*
uma gravata borboleta *annodata a farfalla*
um terno *un vestito da uomo*
uma blusa *una blusa*
uma malha *una maglia*
a gola *il colletto*
um cachecol *una sciarpa*
um lenço de pescoço *un fazzoletto da collo*
um lenço de nariz *un fazzoletto*
o colete *il panciotto*
o botão *il bottone*
a casa de botão *l'occhiello*
um zíper *un ziper, una cerniera*
um macacão *una tuta*
um avental *un grembiule*
o casaco *la giacca*
o casaco de pele *la pelliccia*
o paletó *il giaccone*
a capa de chuva *l'impermeabile*
o chapéu *il cappello*
o chapéu coco *la bombetta*
um boné *un berretto*
uma boina *un basco*
as luvas *i guanti*
o pijama *il pigiama*
a camisola *la camicia da notte*
o roupão *l'accappatoio*
a roupa de banho *il costume da bagno*
as mangas *le maniche*
o colarinho *il colletto*
uma costura *una cucitura*
uma bainha *un orlo*
o forro *la fodera*

3.500 PALAVRAS EM ITALIANO

o tecido   *il tessuto*
o tamanho   *la grandezza*
o algodão   *il cotone*
a lã   *la lana*
a seda   *la seta*
o linho   *il lino*
os bordados   *i ricami*
a renda   *il merletto*
a linha   *il filo*
um dedal   *un ditale*
um carretel   *un rocchetto*
uma agulha   *un ago*
um alfinete   *uno spillo*
a tesoura   *le forbici*

* * *

grande   *grande*
pequeno   *piccolo*
apertado   *stretto*
estreito   *stretto*
largo   *largo*
curto   *corto*
comprido   *lungo*
elegante   *elegante*
na moda   *alla moda*
clássico   *classico*
moderno   *moderno*
atualizado   *aggiornato, all'ultima moda*
desatualizado   *non aggiornato, superato*
estampado   *stampato*
liso   *liscio*
listrado   *a righe*
manchado   *macchiato*

COMPRAS SPESE

rasgado *stracciato*
pregueado, franzido *increspato*

* * *

vestir *vestire*
vestir-se *vestirsi*
tirar a roupa, despir-se *spogliarsi*
pôr *mettere*
experimentar *provare*
estar do tamanho certo *é una misura giusta*
ficar bem *stare bene*
lavar *lavare*
encolher *restringersi*
passar *stirare*
rasgar *lacerare, stracciare*
furar *bucare*
costurar *cucire*
abainhar *orlare*
remendar *rammendare*
pregar *impuntire, trapungere*
tingir *tingere*

Som *Suono*

um disco *un disco*
uma fita *un nastro*
um compact-disco *un disco compatto*
a música *la musica*
a melodia *la melodia*
uma canção *una canzone*
um sucesso *un successo*
um compositor *un compositore*
um cantor *un cantante*
a voz *la voce*
o regente *il reggente*

3.500 PALAVRAS EM ITALIANO

o coro   *il coro*
uma orquestra   *un orchestra*
um grupo   *un gruppo*
um músico   *un musico*
um piano   *un pianoforte*
um violino   *un violino*
a trombeta   *la trombetta*
a flauta   *il flauto*
o saxofone   *il sassofono*
o violão   *la chitarra*
o contrabaixo   *il contrabbasso*
a trompa   *la tromba*
ó tambor   *il tamburo*
a bateria   *la batteria*
um tocador   *un suonatore*
um toca-discos   *un giradischi*
o sintonizador   *il sintonizzatore*
o amplificador   *l'amplificatore*
um toca-fitas   *un registratore*
um gravador   *un registratore*
um apparelho de som   *un hifi*

* * *

lento   *lento*
rápido   *rapido*
quente   *caldo*
gostoso   *gustoso*

* * *

escutar   *ascoltare, sentire, udire*
tocar   *suonare*
gravar   *registrare*

COMPRAS SPESE

Livros *Libri*

um livro *un libro*
um livro de bolso *un libro di tascabile*
um dicionário *un dizionario*
um atlas *un atlante*
um romance *un romanzo*
o título *il titolo*
o escritor *lo scrittore*
um poeta *il poeta*
o editor *l'editore*
uma crítica *una critica*
um crítico *un critico*
um conto *un racconto*
uma história, um conto *una storia*
a ficção *la fantascienza, fantapolitica*
o ensaio *saggio*
a poesia *la poesia*
uma tradução *una traduzione*
a capa *la copertina*
a sobrecapa *la sopracopertina*
a orelha *la scheda bibliografica*
a encadernação *la rilegatura*
a lombada *il dorso*
um capítulo *un capitolo*
uma letra minúscula *una lettera minuscola*
uma letra maiúscula *una lettera maiuscola*
uma página *una pagina*
um parágrafo *un paragrafo*
a margem *il margine*
o espaçamento *la spaziatura*
a linha *la linea*
a palavra *la parola*
a impressão *la stampa*

35

3.500 PALAVRAS EM ITALIANO

a trama *la trama*
um personagem *un personaggio*
o estilo *lo stile*
uma obra prima *un capolavoro*
capa-dura *copertina dura*

* * *

grosso *grosso*
esgotado *esaurito*
interessante *interessante*
engraçado *curioso*
triste *triste*
dramático *drammatico*
chato *noioso*
emocionante *emozionante*

* * *

ler *leggere*
escrever *scrivere*
descrever *descrivere*
contar *raccontare*

Tabaco *Tabacco*

um cigarro *una sigaretta*
o filtro *il filtro*
um maço *un pacchetto*
uma caixa *una scatola*
a marca *la marca*
um charuto *un sigaro*
um corta-charutos *un taglia-sigari*
um cachimbo *una pipa*
um fornilho *un fornello*
o tubo *il tubo*
a boquilha *il bocchino*

COMPRAS SPESE

o raspador de cachimbo *lo scovolino della pipa*
a piteira *il bocchino*
os fósforos *i fiammiferi*
o isqueiro *l'accendisigari, l'accendino*
a pedra *la pietra*
o cinzeiro *il portacenere*
a fumaça *il fumo*

* * *
fumar *fumare*
acender *accendere*
apagar *spegnere*

Lavanderia *Lavanderia*

a limpeza a seco *la pulizia a secco*
a máquina de lavar *la lavatrice*
a máquina de secar *la macchina da seccare*
o sabão em pó *il sapone in polvere*
uma mancha *una macchia*
a goma *l'amido*
o férro de passar *il ferro da stiro*

* * *
molhado *bagnato*
seco *secco*
passado *stirato*
amarrotado *gualcito, sgualcito, spiegazzato*

* * *
lavar *lavare*
limpar *pulire*
secar *seccare, asciugare*
passar *stirare*
molhar *bagnare*
engomar *inamidare*

3.500 PALAVRAS EM ITALIANO

Fotografia *Fotografia*

a máquina fotográfica *la macchina fotografica*
o estojo *la custodia*
a correia *la tracolla*
o tripé *il cavalletto treppiede*
o flash *il flash*
o fotômetro *il fotometro*
o telêmetro *il telemetro*
o visor *il mirino*
o obturador *l'otturatore*
o disparador *lo sparatore, il pulsante di scatto*
o disparador automático *il pulsante per l'auto scatto*
o dispositivo de tempo de exposição *il selettore dei tempi di posa*
o sincronizador *il sincronizzatore*
o regulador de diafragma *la scala del diaframma*
a lente *l'obiettivo*
um anel *un anello*
o diafragma *il diaframma*
o fole *il soffietto*
a focalização *la focalizzazione*
a alavanca *la leva*
o botão *il pulsante*
a camera *la camera*
um filme *un rullino*
um slide *uno slide, una diapositiva*
preto e branco *bianco e nero*
um rolo *un rullino*
o carretel *il rocchetto*
o tamanho *la misura*
um negativo *un negativo*

COMPRAS SPESE

uma ampliação *un ingrandimento*
uma revelação *uno sviluppo*
uma cópia *una copia*
uma fotografia *una fotografia*
um aparelho de vídeo *un registratore video*
uma fita de vídeo *un nastro di video*

* * *

ampliar *ingrandire*
revelar *sviluppare*
fotografar *fotografare*

Jóias *Gioielli*

um relógio *un orologio*
um colar *una collana*
um pingente *un pendente*
um medalhão *un medaglione*
um brinco *un orecchino*
um anel *un anello*
a aliança *la fede*
uma pulseira, um bracelete *un braccialetto*
um broche *una spilla*
as abotoaduras *i gemelli*
uma pedra preciosa *una pietra preziosa*
um diamante *un diamante*
uma esmeralda *uno smeraldo*
um rubi *un rubino*
uma safira *un zaffiro*
a prata *l'argento*
o ouro *l'oro*
uma pérola *una perla*
o joalheiro *il gioielliere*

* * *

3.500 PALAVRAS EM ITALIANO

lapidar *lapidare*
avaliar *valutare*

Correio e Telefone
Posta e Telefono

uma caixa de correio *una cassetta della posta*
uma carta *una lettera*
um cartão postal *una cartolina*
um envelope *una busta*
a borda *l'orlo*
o papel *la carta*
o cabeçalho *il titolo*
um selo *un francobollo*
a franquia *l'affrancatura*
o endereço *l'indirizzo*
um telegrama *un telegramma*
um pacote *un pacco*
o carteiro *il postino*
o correio *la posta*
um vale postal *un vaglia postale*
o recolhimento *la raccolta*
a distribuição *la distribuzione*
o telefone *il telefono*
o receptor *il ricevitore*
o transmissor *il trasmissore*
a cabine telefônica *la cabina telefonica*
uma chamada, uma ligação *una chiamata*
o número *il numero*
o código *il codice*
a linha *la linea*
a lista telefônica *l'elenco telefonico*
uma resposta *una risposta*

* * *

COMPRAS SPESE

registrado   *registrato*
ocupado   *occupato*
livre   *libero*
interurbano   *interurbano*
local   *locale*
a cobrar   *a carico del destinatário*

* * *

mandar   *mandare, spedire*
postar   *impostare*
receber   *ricevere*
recolher   *raccogliere*
entregar   *consegnare*
telefonar   *telefonare*
ligar, chamar   *chiamare*
discar   *comporre, fare (un numero)*
responder   *rispondere*
desligar   *riaganciare*
tocar   *suonare*

Supermercado   *Supermercato*

uma lata   *una latta*
uma garrafa   *una bottiglia*
uma caixa   *una scatola*
um pacote   *un pacco*
as frutas   *la frutta*
os legumes   *i legumi, la verdura, i ortaggi*
as carnes   *le carni*
os laticínios   *i latticini*
os produtos de limpeza   *i prodotti di pulizia*

Papelaria   *Cartoleria*

o papel   *la carta*
o papel de embrulho   *la carta da pacco*

3.500 PALAVRAS EM ITALIANO

um caderno   *un quaderno*
um bloco de papel   *un blocco di carta*
uma folha   *un foglio*
um envelope   *una busta*
a caneta esferográfica   *una biro*
uma caneta-tinteiro   *una penna*
uma carga   *una carica*
um lápis   *una matita*
uma lapiseira   *un portamine*
um apontador (de lápis)   *un temperamatite*
uma régua   *una riga*
a tinta   *l'inchiostro*
uma borracha   *una gomma*
a cola   *la colla*
os clipes   *i clips*
a tesoura   *le forbici*
um grampo   *una graffetta*
um grampeador   *una cucitrice*

Drogaria   *Farmacia*

o farmacêutico   *il farmacista*
a receita   *la ricetta*
o medicamento   *la medicina*
a pomada   *la pomata*
os comprimidos   *le compresse*
as pastilhas   *le pastiglie, le pasticche*
o esparadrapo   *il cerotto*
o algodão   *il cotone*
a gaze   *la garza*
a atadura   *il bendaggio*
um creme   *una crema*
uma loção   *una lozione*
o perfume   *il profumo*

COMPRAS SPESE

um desodorante *un deodorante*
o creme de barbear *il sapone da barba*
um barbeador *un rasoio*
uma lâmina *una lametta*
a pasta de dente *il dentifricio*
a escova de dente *lo spazzolino*
a escova *la spazzola*
o pente *il pettine*
a lixa *la lima*
a maquilagem *il trucco*
o batom *il rossetto*
o esmalte *lo smalto per unghie*
um grampo de cabelo *una forcina*
um creme de bronzear *una crema per
   abbronzare*
um sabão *un sapone*

Ferragens *Utensileria*

uma ferramenta *un arnese, un attrezzo*
um martelo *un martello*
a enxada *la zappa*
a picareta *il piccone*
uma furadeira *un trapano*
uma broca *una punta d'acciaio*
um trado *un succhiello*
uma plaina *una pialla*
uma chave de fenda *un cacciavite*
um alicate *una pinza*
uma lima *una lima*
um buril *un bulino*
a tinta *la tinta*
um revólver de tinta *una pistola a spruzzo*
uma lata *una latta*

3.500 PALAVRAS EM ITALIANO

um tubo   *un tubo*
um pincel, uma broxa   *un pennello*
um cavalete   *un cavalletto*
uma paleta   *una paletta*
a raspadeira   *il raschino*
um prego   *un chiodo*
um parafuso   *una vite*
uma porca   *una madrevite*
uma cavilha   *un cavicchio*
o filete de rosca   *il filetto di spira*
a cabeça   *la testa*
uma borboleta   *una madrevite di farfalla*
uma arruela   *una rondella*
uma pá   *una pala*
uma trolha   *una nettatoia*
uma serra   *una sega*
uma escada   *una scala*
uma mangueira   *un tubo di pompa*
um regador   *un annaffiatoio*
um balde   *un secchio*
uma vassoura   *una scopa*

Flores   *Fiori*

um buquê   *un mazzo*
una pétala   *un petalo*
o caule   *il picciolo, il gambo*
o espinho   *la spina*
o broto   *il germoglio*
uma orquídea   *un'orchidea*
uma rosa   *una rosa*
uma margarida   *una margherita*
uma tulipa   *un tulipano*
um cravo   *un garofano*

COMPRAS SPESE

um junquilho   *una giunchiglia*
un lilás   *un lillà*
um lírio   *un giglio*
o odor   *l'odore*
* * *
florescer   *fiorire*
murchar   *appassire*

NA PRAIA
IN SPIAGGIA

a praia   *la spiaggia*
a areia   *la sabbia*
um seixo   *un ciottolo, un sassolino*
a duna   *la duna*
o mar   *il mare*
o oceano   *l'oceano*
a costa   *la costa*
uma península   *una penisola*
uma baía   *una baia*
um banco de areia   *un banco di sabbia*
um estuário   *un estuario*
a ressaca   *la risacca*
uma lagoa   *una laguna*
a areia movediça   *la sabbia mobile*
a onda   *l'onda*
a maré   *la marea*
um rio   *un fiume*
a margem   *il margine*
uma cachoeira   *una cascata*
a roupa de banho   *il costume da bagno*
a toalha   *la tovaglia*
a esteira   *la stuoia*
o guarda-sol   *l'ombrellone*
a cadeira de praia   *la sdraio*
os óculos de sol   *gli occhiali da sole*
um chapéu   *un cappello*
a concha   *la conchiglia*
o balde   *il secchio*
a pá   *la pala*

NA PRAIA   IN SPIAGGIA

o castelo de areia   *il castello di sabbia*
um veleiro   *un veliero*
a cabina   *la cabina*
o leme   *il timone*
a quilha   *la chiglia*
o mastro   *l'albero di nave*
a vela   *la vela*
uma lancha   *un motoscafo*
o motor de popa   *il motore di poppa*
uma canoa   *una canoa*
um remo   *un remo*
uma bóia   *una boa, un gavitello*
um peixe   *un pesce*
a pesca   *la pesca*
a rede   *la rete*
a vara de pescar   *la canna da pesca*
a linha de pescar   *il filo da pesca*
um anzol   *un amo*
o esqui aquático   *lo sci acquatico*
a prancha de surfe   *la plancia di surf*
a roupa de mergulho   *la tuta da sommozzatore*
* * *
limpo   *pulito*
sujo   *sporco*
transparente   *trasparente*
turvo   *torbido*
poluída   *contaminata*
* * *
nadar   *nuotare*
jogar   *giocare*
tomar banho   *prendere il bagno*
mergulhar   *immerger(si)*
bronzear   *abbronzar(si)*

3.500 PALAVRAS EM ITALIANO

pular   *saltare*
pescar   *pescare*
pegar   *prendere*

NA MONTANHA
IN MONTAGNA

a montanha   *la montagna*
a vertente, a encosta   *il versante*
uma saliência   *la sporgenza*
uma falha   *una fessura*
um pico   *un picco*
a crista   *la cresta*
uma serra   *una serra*
um maciço   *un massiccio*
a escarpa   *la scarpata*
um penhasco   *la rupe*
um precipício   *un precipizio*
uma selada   *una gola*
uma cratera   *un cratere*
um vulcão   *un vulcano*
uma trilha   *un sentiero*
o cume   *la cima*
a neve   *la neve*
o gelo   *il ghiaccio*
um alpinísta   *un alpinista*
um esquiador   *uno sciatore*
um patinador   *un pattinatore*
um trenó   *una slitta*
um esqui   *uno sci*
um bastão   *un bastone*
um patim   *un pattine*
uma pista de patinação   *una pista di pattinaggio*
um teleférico   *una teleferica*
o elevador de esqui   *lo ski-lift*

3.500 PALAVRAS EM ITALIANO

um chalé   *una baita*
uma estação de esqui   *una stazione di sci*
um abrigo   *un rifugio*

* * *

alto   *alto*
baixo   *basso*
frio   *freddo*
gelado   *ghiacciato*
glacial   *glaciale*
para cima   *verso l'alto*
para baixo   *verso il basso*

* * *

deslizar   *scivolare, slittare*
escorregar   *scivolare*
saltar   *saltare*
esquiar   *sciare*
patinar   *pattinare*
esquentar-se   *scaldarsi*
cair   *cadere*
levantar-se   *alzarsi*
gear   *coprirsi di brina*
gelar   *gelare*
derreter   *fondere, sciogliere*

NA RUA
NELLA STRADA

uma rua   *una via*
uma avenida   *un viale*
uma praça   *una piazza*
a calçada   *il marciapiede*
a borda   *l'estremità*
um bueiro   *una chiavica, un tombino*
o esgoto   *la fogna*
o trânsito   *il traffico*
a poluição   *la polluzione, l'inquinamento*
um engarrafamento   *un ingorgo stradale*
o sinal luminoso   *il segnale luminoso*
os sinais de trânsito   *i segnali di transito*
um túnel   *un tunnel*
um cruzamento   *un incrocio*
a faixa de pedestres   *le striscie pedonali*
a multidão   *la folla, la moltitudine*
um pedestre   *un pedône*
um policial   *un poliziotto*
um carro   *una macchina*
um ônibus   *un autobus*
uma caminhonete   *una camionetta*
um caminhão   *un camion*
uma motocicleta   *una motocicletta*
uma mobilete   *una motoretta, un motorino*
uma bicicleta   *una bicicletta*
um poste de luz   *un palo della lucce*
uma lata de lixo   *un bidone della spazzatura*
um cartaz   *un affisso*
um edifício   *un edificio*

3.500 PALAVRAS EM ITALIANO

um arranha-céu   *un grattacielo*
uma casa   *una casa*
uma loja   *un negozio*
os monumentos   *i monumenti*
um museu   *un museo*
uma igreja   *una chiesa*
uma catedral   *una cattedrale*
uma escola   *una scuola*
uma universidade   *un'università*
o correio   *la posta*
uma caixa de correio   *una cassetta della posta*
uma cabine telefônica   *una cabina telefonica*
o posto de gasolina   *il distribuitore di benzina*
um cinema   *un cinema*
um teatro   *un teatro*
um grande magazine   *un grande magazzino*
um hospital   *un ospedale*
uma banca de jornais   *un'edicola*
um parque   *un parco*
uma biblioteca   *una biblioteca*
um sbar   *un bar*
um boteco   *un caffé*
um restaurante   *un ristorante*
uma boate   *una casa notturna*
o hotel   *l'albergo*
um banco   *una banca*
um escritório   *un ufficio*
uma agência   *un'agenzia*
uma estação de metrô   *una stazione della metropolitana*
um ponto de ônibus   *una fermata dell'autobus*
um centro   *un centro*
o subúrbio   *il sobborgo*

NA RUA NELLA STRADA

o bairro *il quartiere*
a favela *il tugurio, i bassifondi*

* * *

barulhento *rumoroso*
tranqüilo *tranquillo*
impressionante *impressionante*
animado *animato*
charmoso *cattivante*
perigoso *pericoloso*
seguro *sicuro*
agradável *gradevole*
histórico *storico*

* * *

andar *camminare*
estar com pressa *aver fretta*
visitar *visitare*
atravessar *attraversare*
parar *fermarsi*
construir *costruire*
demolir *demolire*
proibir *proibire*
sujar *sporcare*
passear *passeggiare*

Diversões *Divertimenti*

o cinema *il cinema*
a bilheteria *la biglietteria*
um filme *un film*
a estrela *la stella*
um ator *un attore*
uma atriz *una attrice*
o dublê *il cascatore*
o diretor *il regista*

3.500 PALAVRAS EM ITALIANO

um roteirista   *uno sceneggiatore*
um roteiro   *uno scenario*
a trama   *la trama*
um papel   *il ruolo*
a música   *la musica*
um filme de bang-bang   *un filmwestern*
uma comédia   *una commedia*
um drama   *un dramma*
um policial   *un film giallo, poliziesco*
um filme de terror   *un film di terrore*
um musical   *un musicale*
um documentário   *un documentario*
um desenho   *un disegno*
a dublagem   *il doppiaggio*
as legendas   *i sottotitoli, le didascalie*
a propaganda   *la propaganda*
a tela   *lo schermo*
um lugar   *un posto*
a espetáculo   *lo spettacolo*
a ribalta   *la ribalta*
o cenário   *lo scenario*
a platéia   *la platea*
uma fileira   *una fila*
a cortina   *la tenda, il sipario*
o palco   *il palco*
o teatro   *il teatro*
uma peça   *una rappresentazione*
o autor   *l'autore*
o ensaio   *le prove*
os bastidores   *le quinte*
um camarim   *un camerino*
o ponto   *il punto*
um camarote   *una tribuna*

NA RUA NELLA STRADA

o intervalo   *l'intervallo*
um sucesso   *un successo*
um fracasso   *un fiasco*
o ópera   *l'opera*
o cantor   *il cantante*
o balé   *il balletto*
a dança   *la danza, il ballo*
um bailarino   *un ballerino*
um concerto   *un concerto*
a sala de concerto   *la sala di concerto*
a orquestra   *l'orchestra*
o regente   *il maestro d'orchestra, il direttore*
o músico   *il musicista*

* * *
emocionante   *emozionante*
chato   *noioso*
divertido   *divertente*
engraçado   *spiritoso*
agradável   *gradevole*
famoso   *famoso*
ao vivo   *in ripresa diretta, al vivo*

* * *
representar   *recitare, interpretare*
aplaudir   *applaudire*
ver   *vedere*
gostar   *gradire, piacere*
empolgar   *vibrare*

NO CAMPO
IN CAMPAGNA

o campo   *la campagna*
uma aldeia   *un villaggio*
uma vila   *un borgo*
a igreja   *la chiesa*
o campanário   *il campanile*
um pára-raios   *un parafulmine*
o sino   *la campana*
o pastor   *il pastore*
o pároco   *il parroco*
a praça   *la piazza*
o chafariz   *la fontana*
a prefeitura   *il comune*
o prefeito   *il sindaco*
uma fazenda   *una fattoria, un'azienda agricola*
um celeiro   *un granaio*
um galpão   *un capannone*
um portão   *un portone*
uma ripa   *un asse*
um pilar   *un pilastro*
um fazendeiro   *un agricoltore*
um camponês   *un contadino*
um lavrador   *un coltivatore*
uma cerca   *un recinto*
um campo   *un campo*
um poço   *un pozzo*
uma bomba d'água   *una pompa d'acqua*
um fertilizante   *un fertilizzante*
a semente   *il seme*
um grão   *un grano*

NO CAMPO   IN CAMPAGNA

um trator   *un trattore*
um arado   *un aratro*
um gadanho   *una falce*
um forcado   *una forca*
um ancinho   *un rastrello*
o solo   *il suolo*
a safra   *la raccolta*
a colheita   *il raccolto*
uma gavela   *un covone*
o trigo   *il frumento, il grano*
o milho   *il mais*
o algodão   *il cotone*
a soja   *la soia*
o feijão   *il fagiolo*
a cana de açúcar   *la canna da zucchero*
a cevada   *l'orzo*
o lúpulo   *il luppolo*
a aveia   *l'avena*
a grama   *l'erba*

Pomar   *Frutteto*

uma macieira   *un melo*
uma ameixeira   *un prugno*
uma cerejeira   *un ciliegio*
uma figueira   *un fico*
um pessegueiro   *un pesco*
uma laranjeira   *un arancio*
um limoeiro   *un limone*
uma bananeira   *un banano*
um prado   *un prato*
a palha   *la paglia*
o feno   *il fieno*

3.500 PALAVRAS EM ITALIANO

Floresta *Foresta*

um rio *un fiume*
um lago *un lago*
o orvalho *la rugiada*
um charco *una pozza*
uma flor *un fiore*
um cogumelo *un fungo*
o musgo *il muschio*
um bosque *un bosco*
uma árvore *un albero*
um galho *un rametto*
uma folha *una foglia*
o tronco *il tronco*
a casca *la corteccia*
a seiva *il succo*
a raiz *la radice*
o carvalho *la quercia*
a nogueira *il noce*
um abeto *un abeto*
um pinho *un pino*
um freixo *un frassino*
um castanheiro *un castagno*
um salgueiro *un salce*
um chorão *un salice piangente*
um eucalipto *un eucalipto*
uma moita *un cespuglio*
uma clareira *una radura*
uma trepadeira *un rampicante*
uma palmeira *una palma*
um cipó *una liana*

* * *

puro *puro*
natural *naturale*

NO CAMPO   IN CAMPAGNA

bonito   *bello*
fértil   *fertile*
estéril   *sterile*
seco   *secco*
úmido   *umido*
silencioso   *silenzioso*
cultivável   *coltivabile*
solitário   *solitario*
isolado   *isolato*
doce   *dolce*

* * *

cultivar   *coltivare*
semear   *seminare*
lavrar   *lavorare la terra*
irrigar   *irrigare*
colher   *cogliere*
ceifar   *mietere*
debulhar   *spogliare*
engavelar   *mettere in fasci*
afiar   *affilare*

Tempo e Estações
Tempo e Stagioni

o tempo   *il tempo*
um segundo   *un secondo*
um minuto   *un minuto*
uma hora   *un'ora*
uma meia hora   *una mezz'ora*
um relógio   *un orologio*
o ponteiro   *la lancetta*
o mostrador   *il quadrante*
a coroa   *il rimontatore*
um despertador   *una sveglia*

3.500 PALAVRAS EM ITALIANO

uma ampulheta   *un'ampollina*
a manhã   *il mattino*
a tarde   *il pomeriggio*
o começo   *il principio, l'inizio*
o fim   *la fine*
o fim da tarde, começo da noite   *la sera*
a noite   *la notte*
o dia   *il giorno*
hoje   *oggi*
amanhã   *domani*
ontem   *ieri*
segunda-feira   *lunedí*
terça-feira   *martedí*
quarta-feira   *mercoledí*
quinta-feira   *giovedí*
sexta-feira   *venerdí*
sábado   *sabato*
domingo   *domenica*
uma semana   *una settimana*
um fim de semana   *un fine settimana*
quinze dias   *quindici giorni*
um mês   *un mese*
janeiro   *gennaio*
fevereiro   *febbraio*
março   *marzo*
abril   *aprile*
maio   *maggio*
junho   *giugno*
julho   *luglio*
agosto   *agosto*
setembro   *settembre*
outubro   *ottobre*
novembro   *novembre*

NO CAMPO IN CAMPAGNA

dezembro *dicembre*
a estação *la stagione*
a primavera *la primavera*
o verão *l'estate*
o outono *l'autunno*
o inverno *l'inverno*
o calendário *il calendario*
o tempo *il tempo*
a chuva *la pioggia*
a neve *la neve*
uma nuvem *una nuvola*
a neblina *la nebbia*
a nebulosidade *la nebulositá*
o sol *il sole*
uma tempestade *una tempesta*
o frio *il freddo*
o calor *il caldo, il calore*
o gelo *il gelo*
uma geada *una brina*
um arco-íris *l'arcobaleno*

* * *

cedo *presto*
tarde *tardi*
próximo *prossimo*
quente *caldo*
frio *freddo*
gelado *gelato*
nublado *nuvoloso*

* * *

começar *cominciare*
acabar *finire*
brilhar *brillare*
chover *piovere*

3.500 PALAVRAS EM ITALIANO

nevar *nevicare*
gear *coprirsi di brina, brinare*
gelar *gelare*

Animais *Animali*

o galinheiro *il pollaio*
uma galinha *una gallina*
o bico *il becco*
um galo *un gallo*
um pinto *un pulcino*
uma pomba *una colomba*
um pato *un'anatra*
um ganso *un'oca*
um pavão *un pavone*
um cisne *un cigno*
um peru *un tacchino*
a pena *la penna*
a penugem *il piumino*
a cavalariça *la scuderia*
um cavalo *un cavallo*
uma égua *una cavalla*
um garanhão *un stallone*
um potro *un puledro*
un casco *un'unghia del cavallo*
a crina *la criniera*
o rabo *la coda*
a pastagem *il pascolo*
o estábulo *la stalla*
o gado *il bestiame*
a vaca *la mucca*
o touro *il toro*
o boi *il bue*
o bezerro *il vitello*

NO CAMPO   IN CAMPAGNA

o chifre   *il corno*
o couro   *il cuoio*
a pocilga   *il porcile*
um porco   *un maiale*
uma porca   *una porca*
um porquinho   *un porchino*
um carneiro   *un montone*
um carneiro macho   *un montone maschio*
uma ovelha   *una pecora*
um cordeiro   *un agnello*
a cabra   *la capra*
o bode   *il capro, caprone*
o cabrito   *il capretto*
o rebanho   *il gregge*
o canil   *il canile*
um bicho de estimação   *un animale di razza*
um cachorro   *un cane*
um gato   *un gatto*

* * *

criar   *allevare*
mugir   *muggire*
latir   *abbaiare*
cacarejar   *cicalare*
relinchar   *nitrire*
alimentar   *alimentare*

Animais Selvagens
Animali Selvaggi

um macaco   *una scimmia*
o pelo   *il pelo*
um tigre   *una tigre*
um leão   *un leone*
a pata   *la zampa*

3.500 PALAVRAS EM ITALIANO

a garra   *l'artiglio*
a toca   *la tana*
uma onça   *una pantera, un leopardo*
um elefante   *un elefante*
a tromba   *la proboscide*
a presa   *la presa*
um gorila   *un gorilla*
um crocodilo   *un coccodrillo*
uma girafa   *una giraffa*
um urso   *un orso*
uma raposa   *una volpe*
um lobo   *un lupo*
um camelo   *un cammello*
um cervo   *un cervo*
uma corça   *un daino*
um veado   *un cervo*
uma camurça   *un camoscio*
uma lebre   *una lepre*
um coelho   *un coniglio*
um ouriço   *un riccio*
um esquilo   *uno scoiattolo*
uma lontra   *una lontra*
um castor   *un castoro*
um canguru   *un canguro*
uma toupeira   *una talpa*
um rato   *un topo*
uma ratazana   *un sorcio*
uma cobra   *una serpe*
um pássaro   *un uccello*
uma águia   *un'aquila*
a garra   *l'artiglio*
um falcão   *un falcone*
um abutre   *un avvoltoio*

NO CAMPO IN CAMPAGNA

um papagaio   *un pappagallo*
um beija-flor   *un colibrì*
uma coruja   *una civetta*
um avestruz   *uno struzzo*
um rouxinol   *un usignolo*
uma andorinha   *una rondine*
um melro   *un merlo*
um corvo   *un corvo*
uma gaivota   *un gabbiano*
um pardal   *un passerotto*
uma cegonha   *una cicogna*
um pica-pau   *un picchio*
um pingüim   *un pinguino*
uma tartaruga   *una tartaruga*
um sapo   *un rospo*
uma rã   *una rana*
um lagarto   *una lucertola*
uma foca   *una foca*
uma baleia   *una balena*
um tubarão   *un pescecane, uno squalo*
um golfinho   *un delfino*
uma nadadeira   *una pinna*
um polvo   *un polpo*
uma água-viva   *una medusa*
um peixe   *un pesce*
uma escama   *una squama*
um caranguejo   *un granchio*
um inseto   *un insetto*
uma mosca   *una mosca*
um mosquito   *una zanzara*
uma abelha   *un'ape*
uma colmeia   *un alveare*

3.500 PALAVRAS EM ITALIANO

uma borboleta   *una farfalla*
uma mariposa   *una falena*
uma traça   *una tarma*
um besouro   *uno scarabeo*
uma formiga   *una formica*
uma barata   *uno scarafaggio*
uma aranha   *un ragno*
uma teia de aranha   *una ragnatela*
um gafanhoto   *una cavalletta*
um grilo   *un grillo*
uma lesma   *un lumacone*
uma libélula   *una libellula*
um percevejo   *una cimice*
uma joaninha   *una coccinella*
uma pulga   *una pulce*
um piolho   *un pidocchio*
um carrapato   *una zecca*

* * *

selvagem   *selvaggio*
manso   *mite*
carnívoro   *carnivoro*
herbívoro   *erbivoro*
feroz   *feroce*
inofensivo   *inoffensivo*
traiçoeiro   *traditore*
livre   *libero*
útil   *utile*
nocivo   *nocivo*
tímido   *timido*
destemido   *intrepido*
peludo   *peloso*
pesado   *pesante*
ágil   *agile*

NO CAMPO   IN CAMPAGNA

esperto   *furbo*
peçonhento   *velenoso*

* * *

caçar   *cacciare*
rapinar   *rapinare*
correr   *correre*
pular   *saltare*
voar   *volare*
nadar   *nuotare*
rastejar   *strisciare*
devorar   *divorare*
alimentar   *alimentare*
espreitar   *spiare*
entocar-se   *scavare*
engodar   *attrarre con esca*
morder   *mordere*
picar, ferroar   *pungere*
unhar   *graffiare*
rugir   *ruggire*
uivar   *ululare*
gorjear   *cantarellare*

NO TRABALHO
NEL LAVORO

Na Escola   *A Scuola*

uma escola   *una scuola*
um jardim de infância   *una scuola materna*
uma escola primária   *una scuola elementare*
uma escola secundária   *una scuola media*
um externato   *un dopo scuola*
um pensionato   *una pensione*
um professor   *un professore*
um aluno   *un alunno*
a sala de aula   *la classe*
a lousa   *la lavagna*
um giz   *un gesso*
o pano   *il panno*
a esponja   *la spugna*
a escrivaninha   *la scrivania*
a mesa   *la tavola*
uma cadeira   *una sedia*
uma lição   *una lezione*
uma pergunta   *una domanda*
uma resposta   *una risposta*
uma opinião   *un'opinione*
um exercício   *un esercizio*
um exemplo   *un esempio*
um problema   *un problema*
o sentido   *il senso*
a solução   *la soluzione*
uma contradição   *una contraddizione*
uma conclusão   *una conclusione*
um ditado   *un dettatto*

NO TRABALHO   NEL LAVORO

a pontuação   *il punteggio*
um ponto   *un punto*
uma vírgula   *una virgola*
um ponto de interrogação   *un punto d'interrogazione*
um erro   *uno sbaglio*
uma prova   *una prova*
um exame   *un esame*
uma nota   *un voto*

* * *

fácil   *facile*
difícil   *difficile*
bom   *buono*
ruim   *cattivo*
preguiçoso   *pigro*
trabalhador   *lavoratore*
distraído   *distratto*
inteligente   *intelligente*
estúpido   *stupido*
compreensível   *comprensibile*
ininteligível   *inintelligibile*
agitado   *agitato*
tranqüilo   *tranquillo*
obediente   *ubbidiente*
desobediente   *disubbidiente*
falador   *chiaccherone*

* * *

entender   *capire*
aprender   *imparare*
saber   *sapere*
esquecer   *dimenticare*
estudar   *studiare*
significar   *significare*

3.500 PALAVRAS EM ITALIANO

concluir *concludere*
comentar *commentare*
perguntar *domandare*
responder *rispondere*
resumir *riassumere*
retomar, recomeçar *ricominciare*
falar *parlare*
escutar *ascoltare*
escrever *scrivere*
copiar *copiare*
repetir *ripetere*

Números *Numeri*

um *uno*
dois *due*
três *tre*
quatro *quattro*
cinco *cinque*
seis *sei*
sete *sette*
oito *otto*
nove *nove*
dez *dieci*
onze *undici*
doze *dodici*
treze *tredici*
catorze *quattordici*
quinze *quindici*
dezesseis *sedici*
dezessete *diciassette*
dezoito *diciotto*
dezenove *diciannove*
vinte *venti*

NO TRABALHO NEL LAVORO

vinte e um *vent'uno*
vinte e nove *ventinove*
trinta *trenta*
quarenta *quaranta*
cinqüenta *cinquanta*
sessenta *sessanta*
setenta *settanta*
oitenta *ottanta*
noventa *navanta*
cem *cento*
cento e um *cento uno*
duzentos *duecento*
duzentos e um *duecento uno*
trezentos *trecento*
quatrocentos *quattrocento*
quinhentos *cinquecento*
seiscentos *seicento*
setecentos *settecento*
oitocentos *ottocento*
novecentos *novecento*
mil *mille*
dois mil *due mila*
mil e um *mille uno*
mil e cem *millecento*
um milhão *un milione*
um bilião *un miliardo*

* * *

o primeiro *il primo*
o segundo *il secondo*
o terceiro *il terzo*
o quarto *il quarto*
o quinto *il quinto*
o sexto *il sesto*

3.500 PALAVRAS EM ITALIANO

o sétimo   *il settimo*
o oitavo   *il ottavo*
o nono   *il nono*
o décimo   *il decimo*
o décimo-primeiro   *l'undicesimo*
o décimo-segundo   *il dodicesimo*
o décimo-terceiro   *il tredicesimo*
o vigésimo   *il ventesimo*
o trigésimo   *il trentesimo*
o centésimo   *il centesimo*

* * *

contar   *contare*
adicionar   *addizionare*
subtrair   *sottrarre*
multiplicar   *moltiplicare*
dividir   *dividere*

Negócios   *Affari*

um escritório   *un ufficio*
uma fábrica   *una fabbrica*
uma companhia   *una compagnia*
uma firma   *una ditta*
um empregado   *un impiegato*
o patrão   *il padrone*
um empresário   *un imprenditore*
uma recepcionista   *una "receptionist"*
um trabalhador   *un lavoratore*
um capataz   *un caporione*
uma secretária   *una segretaria*
um gerente   *un gestore*
um contador   *un ragionere*
um executivo   *un esecutivo*
um engenheiro   *un ingegnere*

NO TRABALHO   NEL LAVORO

um advogado   *un avvocato*
um corretor   *un mediatore*
uma nota fiscal   *una fattura*
uma máquina de escrever   *una macchina da scrivere*
um telex   *un telex*
um computador   *un computer*
uma secretária eletrónica   *una segretaria elettronica*
um telefone   *un telefono*
a venda   *la vendita*
um comprador   *un compratore*
um vendedor   *un venditore*
um produto   *un prodotto*
um pedido   *una richiesta*
a entrega   *la consegna*
o entregador   *il fattorino*
um recibo   *una ricevuta*
o orçamento   *il preventivo di spesa*
a renda   *il reddito*
as despesas   *le spese*
o lucro   *il lucro*
a perda   *la perdita*
a recessão   *la recessione*
uma dívida   *un debito*
uma prestação   *una prestazione*
uma conta   *un conto*
o salário   *lo stipendio*
o aumento   *l'aumento*
o sindicato   *il sindacato*
o sindicalista   *il sindacalista*
a greve   *lo sciopero*
o desemprego   *la disoccupazione*

3.500 PALAVRAS EM ITALIANO

a aposentadoria   *la pensione*
os impostos   *le imposte, le tasse*
a taxa de juro   *la tassa di interessi*
um empréstimo   *un prestito*
um crédito   *un credito*
uma profissão   *una professione, un mestiere*
um trabalho   *un lavoro*
tempo integral   *tempo integrale*
tempo parcial   *part-time*

* * *

lucrativo   *lucrativo*
bruto   *lordo*
líquido   *liquido*
eficiente   *efficiente*
obsoleto   *obsoleto, desueto*
poderoso   *potente*
fraco   *debole*
duro   *duro*
fácil   *facile*
perigoso   *pericoloso*
seguro   *sicuro*
arriscado   *rischioso*
hábil   *abile*
desajeitado   *impacciato*

* * *

trabalhar   *lavorare*
ganhar dinheiro   *guadagnare*
instruir, formar   *istruire*
empreender   *intraprendere*
dirigir   *dirigere*
criar   *creare*
crescer   *crescere*
investir   *investire*

NO TRABALHO NEL LAVORO

fazer um empréstimo *fare un prestito*
emprestar *prestare*
perder *perdere*
contratar *contrattare*
promover *promuovere*
demitir-se *dimettersi, licenziarsi*
demitir *dimettere, licenziare*
fazer greve *fare sciopero*
poupar *risparmiare*
falir *fallire*

A MÍDIA
LE MEDIA

as notícias   *le notizie*
a imprensa   *la stampa*
o rádio   *il radio*
a televisão   *la televisione*
um jornal   *un giornale*
uma revista   *una rivista*
uma agência de notícias   *un'agenzia di notizie*
um canal de televisão   *un canale di televisione*
os títulos   *i titoli*
um artigo   *un articolo*
uma entrevista   *un'intervista*
uma fotografia   *una fotografia*
uma reportagem   *una reportage, un servizio*
um furo   *un scoop*
um editorial   *un editoriale*
uma crítica   *una critica*
os desenhos   *i disegni*
os anúncios   *gli annunci*
a propaganda   *la propaganda*
uma seção   *una sezione*
uma página   *una pagina*
a primeira página   *la prima pagina*
uma coluna   *una colonna*
uma assinatura   *una firma*
um jornalista   *un giornalista*
um repórter   *un reporter*
um fotográfo   *un fotografo*
um editor   *un editore*

A MÍDIA LE MEDIA

um programa *un programma*
uma novela *una telenovela*
um seriado *una serie*
um comercial *uno spot pubblicitario*
uma televisão *una televisione*
a televisão a cabo *la televisione via cavo*
uma antena *un'antenna*
um radio *una radio*
um produtor *un produttore*
o diretor *il direttore*
um locutor *un locutore*
um apresentador *un presentatore*
uma estrela *una stella*

* * *

ao vivo *in ripresa diretta*
gravado *registrato*
confiável *attendibile, affidabile*
fiel *fedele*
verdadeiro *vero*
falso *falso*
sério *serio*
enganador *ingannatore*
chato *noioso*
difícil *difficile*
divertido *divertente*
inacreditável *incredibile*
crítico *critico*
engraçado *curioso*

* * *

olhar *guardare*
escutar *ascoltare*
ler *leggere*
escrever *scrivere*

3.500 PALAVRAS EM ITALIANO

acreditar *credere*
comentar *commentare*
criticar *criticare*
pesquisar *investigare, ricercare*
investigar *indagare*
entrevistar *intervistare*
publicar *pubblicare*
assinar *abbonarsi*
imprimir *stampare*
comunicar *comunicare*
emitir *emettere*
ligar *accendere*
desligar *spegnere*

A POLÍTICA
LA POLITICA

o país   *il paese*
o estado   *lo stato*
uma sociedade   *una società*
o governo   *il governo*
a constituição   *la costituzione*
uma democracia   *una democrazia*
uma ditadura   *una dittatura*
uma república   *una repubblica*
uma monarquia   *una monarchia*
um império   *un impero*
o presidente   *il presidente*
o rei   *il re*
a rainha   *la regina*
um ditador   *un dittatore*
um imperador   *un imperatore*
um ministro   *un ministro*
um partido   *un partito*
um deputado   *un deputato*
um senador   *un senatore*
o congresso   *il congresso*
uma minoria   *una minoria*
uma maioria   *una maggioranza*
o senado   *il senato*
o parlamento   *il parlamento*
um líder   *un lider*
um estadista   *uno statista*
um porta-voz   *un portavoce*
um político   *un politico*
a confiança   *la fiducia*

3.500 PALAVRAS EM ITALIANO

uma lei   *una legge*
uma eleição   *un'elezione*
um eleitor   *un elettore*
un eleitorado   *un elettorato*
um cidadão   *un cittadino*
um candidato   *un candidato*
um discurso   *un discorso*
a esquerda   *la sinistra*
a direita   *la destra*
um boletim de voto   *un bollettino di voto*
uma pesquisa de opinião   *un sondaggio
   d'opinione pubblica*
o poder   *il potere*
a liberdade   *la libertà*
a igualdade   *l'uguaglianza*
a desigualdade   *la disuguaglianza*
a opressão   *l'oppressione*
o ódio   *l'odio*
o racismo   *il razzismo*

* * *

extremista   *estremista*
tolerante   *tollerante*
moderado   *moderato*
conservador   *conservatore*
democrático   *democratico*
demagógico   *demagogico*
honesto   *onesto*
corrupto   *corrotto*
influente   *influente*
persuasivo   *persuasivo*

* * *

governar   *governare*
eleger   *eleggere*

A POLÍTICA   LA POLITICA

candidatar-se   *candidarsi*
perder   *perdere*
ganhar   *vincere*
derrubar   *sconfiggere*

CRIME E CASTIGO
CRIME E CASTIGO

a polícia   *la polizia*
um policial   *un poliziotto*
a delegacia   *la questura*
a cela   *la cella*
a vítima   *la vittima*
a violência   *la violenza*
um criminoso   *un criminale*
um delinqüente   *un delinquente*
a delinqüência   *la delinquenza*
um ladrão   *un ladro*
um assassino   *un assassino*
um seqüestrador   *un sequestratore*
um refém   *um ostaggio*
um falsário   *un falsario*
um receptador   *un ricettatore*
um estuprador   *uno stupratore*
um traficante   *uno spacciatore*
um drogado   *un drogato*
um cafetão   *un protettore*
um roubo   *una rapina*
um furto   *un furto*
um assassinato   *un assassinio*
o seqüestro   *il sequestro*
um estupro   *uno stupro*
uma falsificação   *una falsificazione*
uma arma   *un'arma*
as algemas   *le manette*
uma ameaça   *una minaccia*
a prova   *la prova*

CRIME E CASTIGO CRIME E CASTIGO

um indício   *un indizio*
uma impressão digital   *le impressioni digitali*
um álibi   *un alibi*
um julgamento   *un giudizio*
a justiça   *la giustizia*
um tribunal   *un tribunale*
o juiz   *il giudice*
o advogado   *l'avvocato*
o procurador   *il procuratore*
a testemunha   *il testimone*
o acusado   *l'accusato*
o veredicto   *il verdetto*
a sentença   *la sentenza*
a prisão   *la prigione*
o presídio   *il presidio*
o presidiário   *il presidiario*
o guarda   *la guardia*
a pena de morte   *la pena di morte*

* * *

impiedoso   *impietoso*
cruel   *crudele*
perigoso   *pericoloso*
ameaçador   *minaccioso*
culpado   *colpevole*
inocente   *innocente*

* * *

roubar, furtar   *rubare*
matar   *ammazzare*
morrer   *morire*
falsificar   *falsificare*
estuprar   *stuprare*
assassinar   *assassinare*
apunhalar   *pugnalare*

3.500 PALAVRAS EM ITALIANO

estrangular *strangolare*
fugir *fuggire*
prender *arrestare*
pegar *prendere*
atirar *sparare*
resistir *resistere*
investigar *investigare, indagare*
incriminar *incriminare*
confessar *confessare*
processar *processare*
acusar *accusare*
defender *difendere*
julgar *giudicare*
condenar *condannare*
absolver *assolvere*
libertar *liberare*
escapar *scappare*

GUERRA E PAZ
GUERRA E PACE

a guerra   *la guerra*
o inimigo   *il nemico*
um aliado   *un alleato*
um exército   *un esercito*
a marinha   *la marina*
a força aérea   *la forza aerea*
a bandeira   *la bandiera*
um soldado   *un soldato*
um marinheiro   *un marinaio*
um aviador   *un aviatore*
um oficial   *un ufficiale*
um general   *un generale*
um coronel   *un colonnello*
um capitão   *un capitano*
um tenente   *un tenente*
um sargento   *un sergente*
uma batalha   *una battaglia*
a estratégia   *la strategia*
a ofensiva   *l'offensiva*
a defesa   *la difesa*
um combate   *un combattimento*
o ataque   *l'attaco*
a incursão   *l'incursione*
um bombardeio   *un bombardamento*
uma emboscada   *un'imboscata*
uma arma   *un'arma*
um rifle   *un fucile*
uma pistola   *una pistola*
uma metralhadora   *una mitragliatrice*

85

3.500 PALAVRAS EM ITALIANO

uma bala   *una pallottola*
uma granada   *una granata*
uma mina   *una mina*
um canhão   *un cannone*
um obus   *un obus*
um foguete   *un razzo*
um míssil   *un missile*
um avião   *un aeroplano*
um avião de combate   *un aeroplano da combattimento*
um bombardeiro   *un bombardiere*
uma bomba   *una bomba*
um porta-aviões   *una portaerei*
um submarino   *un sottomarino*
um navio de guerra   *una nave da guerra*
um tanque   *un carro armato*
um herói   *un eroe*
uma medalha   *una medaglia*
um desertor   *un disertore*
um traidor   *un traditore*
um espião   *una spia*
um preso   *un prigioniero*
uma vitória   *una vittoria*
uma derrota   *una sconfitta*
uma retirada   *una ritirata*
um cessar-fogo   *un cessarfuoco*
uma trégua   *una tregua*
a rendição   *la resa*
um tratado   *un trattato*
a paz   *la pace*
os mortos   *i morti*
os feridos   *i feriti*
um sobrevivente   *un sopravvivente*

GUERRA E PAZ   GUERRA E PACE

a destruição   *la distruzione*
as ruínas   *le rovine*

* * *

sangrento   *sanguinoso*
violento   *violento*
mortífero   *mortifero*
desumano   *disumano*
terrível   *terribile*
medonho   *orripilante*
incondicional   *incondizionale*
corajoso   *coraggioso*
covarde   *codardo*
fraco   *debole*
forte   *forte*
ousado   *audace, impavido*

* * *

combater   *combattere*
atacar   *attaccare*
defender   *difendere*
resistir   *resistere*
atirar   *sparare*
enfraquecer   *indebolire*
cercar   *accerchiare*
derrotar   *sconfiggere*
destruir   *distruggere*
afundar   *affondare*
massacrar   *massacrare*
esmagar   *schiacciare*
ameaçar   *minacciare*
vencer   *vincere*
perder   *perdere*

O DIA A DIA
IL QUOTIDIANO

Em Casa *In Casa*

uma casa *una casa*
um prédio *un immobile, un palazzo*
um apartamento *un appartamento*
uma favela *un tugurio*
o telhado *il tetto*
uma telha *una tegola*
uma antena *un'antenna*
uma chaminé *un camino*
uma ardósia *un'ardesia*
uma parede *una parete*
um tijolo *un mattone*
o cimento *il cemento*
um bloco *un blocco*
o concreto *il calcestruzzo*
a pedra *la pietra*
uma janela *una finestra*
uma sacada *un balcone*
um vidro de janela *un vetro di finestra*
o vidro *il vetro*
uma veneziana *una veneziana, una gelosia*
a fachada *la facciata*
a soleira *la soglia*
o patamar *il pianerottolo*
uma porta *una porta*
um ferrolho *un catenaccio*
uma fechadura *una serratura*
uma chave *una chiave*
a campainha *il campanello*

O DIA A DIA   IL QUOTIDIANO

a entrada   *l'entrata*
a saida   *l'uscita*
a escada   *la scala*
o corrimão   *il corrimano*
um degrau   *un gradino*
um vestíbulo   *un vestibolo*
um corredor   *un corridoio*
a sala   *la sala*
a sala de visitas   *il soggiorno*
a sala de jantar   *la sala da pranzo*
um quarto   *una stanza*
o escritório   *lo studio*
um banheiro   *un bagno*
a cozinha   *la cucina*
o porão   *la cantina*
o sótão   *la soffitta*
o térreo   *il pianterreno*
a garagem   *il garage*
um andar   *un piano*
o teto   *il soffitto*
o chão   *il pavimento*
o proprietário   *il proprietario*
o inquilino   *l'inquilino*
o zelador   *il portinaio*
a empregada   *la donna di servizio, la colf*

* * *

enorme   *enorme*
minúsculo   *minuscolo*
espaçoso   *spazioso*
apertado   *stretto*
escuro   *scuro*
claro   *chiaro*
chique   *elegante*

3.500 PALAVRAS EM ITALIANO

comprar *comprare*
vender *vendere*
alugar *affittare*
mudar-se *cambiar casa, trasferirsi*

Móveis e Acessórios
Mobili e Accessori

os móveis *i mobili*
uma poltrona *una poltrona*
um sofá *un sofá*
uma almofada *un cuscino*
uma espreguiçadeira *una sedia a sdraio*
uma cadeira *una sedia*
uma cadeira de balanço *una sedia a dondolo*
um banquinho *uno sgabello*
uma mesa *una tavola*
uma mesa de centro *una tavola bassa*
uma estante *uno scaffale*
uma biblioteca *una biblioteca*
um tapete *un tappeto*
o papel de parede *la carta da parete*
uma lareira *un camino*
um quebra-luz *un abat-jour*
a luz *la luce*
um lustre *un lampadario*
uma lâmpada elétrica *una lampadina elettrica*
uma luminária *una luminaria*
um interruptor *un'interruttore*
uma tomada *una presa di corrente*
uma cortina *una tenda*
uma persiana *una persiana*
um aparador *una credenza*

O DIA A DIA   IL QUOTIDIANO

um armário   *un armadio*
um espelho   *uno specchio*
uma cômoda   *un comó*
uma gaveta   *un cassetto*
uma cama   *un letto*
um berço   *una culla*
um criado-mudo   *un comodino*
um refrigerador   *un refrigeratore*
um fogão   *un fornello*
as chapas   *le piastre*
um forno   *un forno*
o exaustor   *il ventilatore*
uma máquina de lavar   *una lavatrice*
um lava-louça   *una lavastoviglie*
a batedeira   *la battitrice*
o ferro de passar   *il ferro da stirare*
os armários de parede   *gli armadi di parete*
uma pia   *un lavandino*
uma torneira   *un rubinetto*
o secador   *l'asciugacapelli, il fon*
uma frigideira   *una padella*
uma panela   *una pentola*
um pote   *un recipiente*
uma assadeira   *una tortiera, una teglia*
uma chaleira   *una teiera*
uma cafeteira   *una caffettiera*
uma tábua   *un asse, una tavola*
um ralador   *una grattugia*
uma caneca   *un boccale*
uma concha   *un cucchiaione*
uma espátula   *una spatola*
um moedor   *un macinatore*
um coador   *un colino*

3.500 PALAVRAS EM ITALIANO

um martelo   *un martello*
um rolo   *un rotolo*
um cutelo   *un coltellaccio*
uma lixeira   *un cestino della spazzatura*
uma banheira   *una vasia da bagno*
um chuveiro   *una doccia*
um lavatório   *un lavabo*
a privada   *il gabinetto*
o assento   *la seggiola*
una tampa   *un coperchio*
a bacia sanitária   *la vaschetta del water*
o papel higiênico   *la carta igienica*
a descarga   *la scarica*
o aquecimento   *il riscaldamento*
a ar condicionado   *l'aria condizionata*
o encanamento   *la incanalatura*

* * *

confortável   *confortevole*
estofado   *tappezzato, foderato*
elétrico   *elettrico*
quente   *caldo*
arejado   *ventilato*
limpo   *pulito*
sujo   *sporco*
empoeirado   *impolverato*
entupido   *ostruito*

* * *

mobiliar   *mobiliare*
decorar   *decorare*
limpar   *pulire*
cozinhar   *cucinare*

O DIA A DIA   IL QUOTIDIANO

Família e Amigos
Famiglia e Amici

o pai   *il padre*
a mãe   *la madre*
o marido   *il marito*
a mulher   *la donna*
o filho   *il figlio*
a filha   *la figlia*
os filhos   *i figli*
o avô   *il nonno*
a avó   *la nonna*
o neto   *il nipote*
a neta   *la nipote*
a tia   *la zia*
o tio   *lo zio*
a irmã   *la sorella*
o irmão   *il fratello*
o sobrinho   *il nipotino*
a sobrinha   *la nipotina*
o sogro   *il suocero*
a sogra   *la suocera*
o genro   *il genero*
a nora   *la nuora*
a madrasta   *la matrigna*
o padrasto   *il patrigno*
um parente   *un parente*
um amigo   *un amico*
um namorado   *un innamorato, un moroso*
uma namorada   *un'innamorata, una morosa*
um amante   *un amante*
um caso   *una relazione amorosa, "una storia"*
o noivado   *il fidanzamento*
o casamento   *lo sposalizio, il matrimonio*

3.500 PALAVRAS EM ITALIANO

a noiva *la fidanzata*
o noivo *il fidanzato*
o padrinho *il padrino*
um solteiro *uno scapolo*
uma solteirona *una zitellona*
uma viúva *una vedova*
um viúvo *un vedovo*
a gravidez *la gravidanza*
o nascimento *la nascita*
o padrinho *il padrino*
um nenê *un bebé*
uma criança *un fanciullo*
um guri *un ragazzino*
um garoto *un ragazzo*
uma garota *una ragazza*
um adolescente *un adolescente*
um adulto *un adulto*
um velho *un vecchio*
uma vida *una vita*
a morte *la morte*

* * *

feliz *felice*
infeliz *infelice*
querido *caro*
mimado *viziato*
rígido *rigido*
bondoso *buono*
educado *educato*
maldoso *cattivo*
cabeçudo *testardo*
obediente *ubbidiente*
desobediente *disubbidiente*
apaixonado *appassionato*

O DIA A DIA IL QUOTIDIANO

triste *triste*
amigável *amichevole*
fiel *fedele*

* * *

nascer *nascere*
criar *educare*
amar *amare*
beijar *baciare*
abraçar *abbraciare*
crescer *crescere*
mimar *collolare, viziare*
repreender *rimproverare*
chorar *piangere*
rir *ridere*
casar *sposare*
divorciar *divorziare*
brigar *litigare*
enganar *ingannare*
morrer *morire*

LAZER
OZIO

Festas *Feste*

um aniversário *un anniversario, un compleanno*
o Natal *il Natale*
um casamento *uno sposalizio*
o batismo *il battesimo*
um feriado *un giorno festivo*
uma cerimônia *una cerimonia*
um convidado *un invitato*
um presente *un regalo*
um bolo *una torta*
um papo *una chiacchierata*
uma conversação *una conversazione*
uma discussão *una discussione*
uma opinião *un'opinione*
uma fofoca *un pettegolezzo*
uma brincadeira *uno scherzo*
um baile *un ballo*
uma dança *una danza*
um flerte *un flirt*

* * *

delicioso *delizioso*
animado *animato*
barulhento *chiassoso*
formal *formale*
enfadonho *noioso*
falador *chiaccherone*
divertido *divertente*

* * *

LAZER OZIO

convidar *invitare*
celebrar *celebrare*
apresentar *presentare*
reunir-se *riunirsi*
festejar *festeggiare*
fofocar *spettegolare*
gracejar *fare lo spiritoso*
cantar *cantare*
dançar *danzare, ballare*
brincar *scherzare*
falar *parlare*
comer *mangiare*

Esportes e Jogos
Sporti e Giochi

um esporte *uno sport*
um jogo *un gioco*
uma partida *una partita*
um desportista *uno sportivo*
o árbitro *l'arbitro*
um jogador *un giocatore*
um atleta *un atleta*
um treinador *un allenatore*
o treinamento *un allenamento*
um campeão *un campione*
uma equipe *una squadra*
um parceiro *un compagno*
um torcedor *un tifoso*
uma vitória *una vittoria*
uma derrota *una sconfitta*
um empate *un impatto*
um recorde *un record*
uma medalha *una medaglia*

3.500 PALAVRAS EM ITALIANO

um perdedor   *un perdente*
um vencedor   *un vincitore*
o campeonato   *il campionato*
o torneio   *il torneo*
a temporada   *la stagione*
o gol   *il gol*
o goleiro   *il portiere*
a bola   *la palla*
o estádio   *lo stadio*
o campo   *il campo*
um ginásio   *un ginnasio*
um trampolim   *un trampolino*
uma argola   *un anello di ferro*
um peso   *un peso*
um haltere   *una sbarra a pesi*
as paralelas   *le parallele*
a barra fixa   *la sbarra fissa*
uma corda   *una corda*
uma quadra   *il campo della palestra*
uma pista   *una pista*
um ringue   *un ring*
uma rede   *una rete*
uma raquete   *una racchetta*
o serviço   *il servizio*
o futebol   *il calcio*
o tênis   *il tennis*
o vôlei   *la pallavolo*
o basquete   *la pallacanestro*
o golfe   *il golf*
o squash   *lo squash*
a natação   *il nuoto*
o atletismo   *l'atletismo*
a ginástica   *la ginnastica*

LAZER OZIO

o boxe *la boxe, il pugilato*
o ciclismo *il ciclismo*
as corridas *le corse*
um salto *un salto*
o playground *il playground*
a gangorra *l'altalena a bilico*
o balanço *l'altalena*
o carrossel *la giostra*
o tobogã *il bob*
a areia *la sabbia*
a pá *la pala*
o ancinho *il rastrello*
o balde *il secchio*
a forma *la forma*
um banco *un banco*
uma piscina *una piscina*
o jogo de damas *il gioco di dama*
a dama *la dama*
o xadrez *gli scacchi*
o rei *il re*
a rainha, a dama *la regina*
a torre *la torre*
o bispo *il alfiere*
o cavalo *il cavallo*
o peão *la pedina*
o tabuleiro *il tavoliere*
as cartas *le carte*
o valete *il fante*
o ás *l'asso*
ouros *ori*
copas *coppe*
paus *bastoni*
espadas *spade*

3.500 PALAVRAS EM ITALIANO

as palavras cruzadas *le parole crociate*
um trocadilho *parole a doppio senso*
uma charada *un indovinello*
um quebra-cabeça *un puzzle*
os dados *i dadi*

* * *

rápido *rapido*
veloz *veloce*
forte *forte*
vigoroso *vigoroso*
fora de forma *fuori forma*
cansado *stanco*
fácil *facile*
difícil *difficile*
invicto *imbattuto*
violento *violento*
excitante *eccitante*
ferido *ferito*
esgotado *esaurito*
duro *duro*
afortunado *fortunato*

* * *

correr *correre*
saltar *saltare*
pegar *prendere*
puxar *tirare*
empurrar *spingere*
jogar, lançar *gettare*
bater *battere*
jogar *giocare*
cair *cadere*
competir *competere*
desafiar *sfidare*

LAZER OZIO

dominar *dominare*
marcar *marcare, segnare*
vencer *vincere*
perder *perdere*
vaiar *fischiare*
aclamar *acclamare*
empatar *pareggiare*
treinar *esercitare, allenarsi*
praticar *praticare*

SAÚDE
SALUTE

Corpo *Corpo*
a cabeça   *la testa*
o cérebro   *il cervello*
o cabelo   *i capelli*
um cacho   *un riccio*
uma mecha   *una ciocca*
a risca   *la linea*
o coque   *il chignon (do francês)*
um rabicho   *un codino di cavallo*
uma trança   *una treccia*
a barba   *la barba*
bigodes   *baffi*
uma orelha   *un orecchio*
a testa   *la fronte*
um olho   *un occhio*
os olhos   *gli occhi*
a sobrancelha   *il sopraciglio*
o cílio   *il ciglio*
a pálpebra   *la palpebra*
a pupíla   *la pupilla*
a íris   *l'iride*
o nariz   *il naso*
a narina   *la narice*
a boca   *la bocca*
o lábio   *il labbro*
um dente   *un dente*
a gengiva   *la gengiva*
a língua   *la lingua*
o paladar   *il palato*

SAÚDE SALUTE

a face, a bochecha *la guancia*
o queixo *il mento*
o maxilar *il mascellare*
o rosto *il viso*
a tez *la cute*
uma cicatriz *una cicatrice*
uma espinha *un brufolo*
uma covinha *una fossetta*
uma ruga *una ruga*
um traço *un lineamento*
o pescoço *il collo*
a garganta *la gola*
o pomo de Adão *il pomo d'Adamo*
a nuca *la nuca*
o tronco *il tronco*
os ombros *le spalle*
a axila *l'ascella*
o peito *il petto*
o seio *il seno*
o mamilo *la mammella*
as costas *il dorso, le spalle*
a coluna *la colonna vertebrale, la schiena*
uma costela *una costola*
a barriga *il ventre*
o umbigo *l'ombelico*
o traseiro *il sedere*
uma nádega *la natica*
a cintura *la cintura, la vita*
o quadril *le anche*
a virilha *l'inguine*
um braço *un braccio*
um cotovêlo *un gomito*
o antebraço *l'avanbraccio*

3.500 PALAVRAS EM ITALIANO

o pulso   *il polso*
a mão   *la mano*
a palma   *la palma*
o dedo   *il dito*
o polegar   *il pollice*
a articulação   *l'articolazione*
o osso   *l'osso*
a unha   *l'unghia*
o punho   *il pugno*
a perna   *la gamba*
a coxa   *la coscia*
o joelho   *il ginocchio*
o jarrete   *il giarretto*
a rótula   *la rotula*
a barriga da perna   *il polpaccio*
a canela   *la tibia*
o tornozelo   *la caviglia*
o pé   *il piede*
o dedo do pé   *il dito del piede*
o calcanhar   *il calcagno*
a planta do pé   *la pianta del piede*
o coração   *il cuore*
os pulmões   *i polmoni*
o fígado   *il fegato*
o rim   *il rene*
o estômago   *lo stomaco*
o intestino   *l'intestino*
a pele   *la pelle*
a carne   *la carne*
um músculo   *un muscolo*
uma veia   *una vena*
uma artéria   *un'arteria*

SAÚDE SALUTE

o sangue *il sangue*
um nervo *un nervo*

* * *

loiro *biondo*
moreno *bruno*
ruivo *rossiccio*
cacheado *riccio*
careca *calvo, pelato*
cabeludo *capellone*
enrugado *pieno di rughe*
liso *liscio*
alto *alto*
baixo *basso*
musculoso *muscoloso*
esbelto *magro*
forte *forte*
fraco *debole*
gordo *grasso*
magro *magro*
teso *teso*
flexível *flessibile*
feio *brutto*
bonito *bello*

* * *

respirar *respirare*
bater *battere*
crescer *crescere*
engolir *inghiottire, ingoiare*
digerir *digerire*

Doença *Malattia*

um médico *un medico*
um cirurgião *un chirurgo*

3.500 PALAVRAS EM ITALIANO

um dentista   *un dentista*
uma consulta   *una visita medica*
um especialista   *uno specialista*
um paciente   *un paziente*
uma enfermeira   *un'infermiera*
uma doença   *una malattia*
a dor   *il dolore*
um resfriado   *un raffreddore*
uma gripe   *un'influenza*
uma febre   *una febbre*
uma convulsão   *una convulsione*
uma náusea   *una nausea*
uma infeção   *un'infezione*
um corte   *un taglio*
uma queimadura   *una bruciatura*
uma inflamação   *un'infiammazione*
uma fratura   *una frattura*
uma ferida   *una ferita*
um arranhão   *un graffio*
um deslocamento   *un dislocamento*
uma irritação   *un'irritazione*
um micróbio   *un microbo*
um vírus   *un virus*
uma epidemia   *un'epidemia*
uma tosse   *una tosse*
uma contusão   *una contusione*
um envenenamento   *un avvelenamento*
a prisão de ventre   *la stitichezza*
a insônia   *l'insonnia*
uma cãibra   *un crampo*
o câncer   *il cancro*
um transplante   *un trapianto*
a contracepção   *la contraccezione*

106

SAÚDE SALUTE

o aborto *l'aborto*
uma operação *una operazione*
uma injeção *un'iniezione*
uma vacina *un vaccino*
uma cárie *una carie*
uma obturação *un'otturazione*
a broca *il trivello*
uma dentadura *una dentatura*
uma extração *un'estrazione*
a prescrição *la prescrizione*
um remédio *una medicina*
a cura *la cura*
a recuperação *la ricuperazione*
uma maca *un'amaca*
uma cadeira de rodas *una carrozzina*
o hospital *l'ospedale*
um seguro *un'assicurazione*

* * *

doente *ammalato*
saudável *sano*
contagioso *contagioso*
incurável *incurabile*
curável *curabile*
grave *grave*
benigno *benigno*
mortal *mortale*
cansativo *stancante*
esgotado *esaurito*
postiço *posticcio*

* * *

melhorar *migliorare*
piorar *peggiorare*
sarar *guarire*

3.500 PALAVRAS EM ITALIANO

vomitar *vomitare*
desmaiar *svenire*
tossir *tossire*
espirrar *starnutire*
fungar *sbuffare*
doer *far male*
tirar *togliere*
operar *operare*
examinar *esaminare*
tratar *trattare*
cuidar *badare, curare*
sentir *sentire*

Acidentes e Morte
Accidenti e Morte

um acidente, um desastre *un incidente*
uma catástrofe *una catastrofe*
uma explosão *un'esplosione*
um incêndio, um fogo *un incendio*
a chama *la fiamma*
um afogamento *un affogamento*
um desmoronamento *una frana*
uma inundação *un'inondazione*
um terremoto *un terremoto*
um ciclone *un ciclone*
uma tempestade *una tempesta*
o desabrigado *il senza tetto*
um sobrevivente *un sopravvivente*
uma vítima *una vittima*
o salvamento *il salvataggio*
o salvador *il salvatore*
um salva-vidas *un bagnino*
um bombeiro *un pompiere, un vigile del fuoco*

SAÚDE SALUTE

as ruínas *le rovine*
os destroços, os escombros *i rottami*
um cadáver *un cadavere*
um esqueleto *uno scheletro*
um túmulo *una tomba*
um caixão *una bara*
um cemitério *un cimitero*

* * *

acidental *accidentale*
catastrófico *catastrofico*
explosível *esplosivo*
violento *violento*
imprevisível *imprevedibile*
trágico *tragico*
desastroso *disastroso*

* * *

explodir *esplodere*
desmoronar *crollare*
inundar *inondare*
salvar *salvare*
queimar *bruciare*
destruir *distruggere*
colidir *urtare*
destroçar *schiantare*

Sentidos *Sensi*

a visão *la vista*
a luz *la luce*
a escuridão *l'oscurità*
a sombra *l'ombra*
a ofuscação *l'offuscazione*
o deslumbramento *l'abbagliamento*
o brilho *la luminosità*

3.500 PALAVRAS EM ITALIANO

o contraste   *il contrasto*
as cores   *i colori*
o preto   *il nero*
o branco   *il bianco*
o azul   *l'azzurro*
o vermelho   *il rosso*
o verde   *il verde*
o amarelo   *il giallo*
o marrom   *il marrone*
o cinza   *il grigio*
o roxo   *il viola*
a miopia   *la miopia*
a presbiopia   *presbiopia*
a cegueira   *la cecità*
o daltonismo   *il daltonismo*
os óculos   *gli occhiali*
uma lente de contato   *una lente di contatto*
a audição   *l'udito*
o silêncio   *il silenzio*
um barulho   *un rumore*
um som   *un suono*
o farfalhar   *il ronzio*
o sussurro, um murmúrio   *il sussurro,*
   un mormorio
uma algazarra   *una gazzarra*
um grito   *un grido*
um assobio   *un fischio*
um estrondo   *un rimbombo*
a surdez   *la sordità*
a mudez   *il mutismo*
o tato   *il tatto*
uma carícia   *una carezza*
um empurrão   *una spinta*

SAÚDE SALUTE

um aperto de mão   *una stretta di mano*
um abraço   *un abbraccio*
um golpe   *un colpo*
uma bofetada   *uno schiaffo*
um tapinha   *una sberla*
o olfato   *l'olfatto*
um perfume   *un profumo*
um cheiro   *l'odore*
um fedor   *una puzza*
o gosto   *il gusto*
um sabor   *un sapore*
uma delícia   *una delizia*
o amargor   *l'amarezza*
a doçura   *la dolcezza*
a insipidez   *l'insipidità*
o gosto azedo   *l'acerbezza*

* * *

luminoso   *luminoso*
escuro   *oscuro, scuro*
brilhante   *brillante*
cego   *cieco*
caolho   *guercio*
visível   *visibile*
invisível   *invisibile*
surdo   *sordo*
mudo   *muto*
alto   *alto*
baixo   *basso*
silencioso   *silenzioso*
ensurdecedor   *assordante*
barulhento   *chiassoso*
audível   *udibile*
inaudível   *inaudibile*

3.500 PALAVRAS EM ITALIANO

fedorento *puzzolente*
perfumado *profumato*
cheiroso *odoroso*
macio *tenero*
áspero *aspero*
liso *liscio*
duro *duro*
frio *freddo*
quente *caldo*
saboroso *saporoso, saporito, gustoso*
doce *dolce*
amargo *amaro*
salgado *salato*
apimentado *pepato, piccante*
azedo *acerbo*
delicioso *delizioso*
* * *
ver *vedere*
olhar *guardare*
fitar *fissare*
piscar *lampeggiare*
brilhar *brillare*
cintilar *scintillare*
enxergar *scorgere*
ouvir *udire*
escutar *ascoltare*
gritar *gridare*
berrar *urlare*
trovejar *tuonare*
assobiar *fischiare*
tocar *toccare*
acariciar *carezzare*
apertar *stringere*

SAÚDE SALUTE

agarrar *afferrare*
golpear, bater *colpire, picchiare*
cheirar *odorare*
feder *puzzare*
saborear *gustare*
salgar *salare*
temperar *condire*
adoçar *addolcire*
azedar *inagrire*
amargar *amareggiare*

Coração e Mente
Cuore e Mente

um sentimento *un sentimento*
o amor *l'amore*
a ternura *la tenerezza*
a compaixão *la compassione*
a bondade *la bontà*
a maldade *la malignità*
o ódio *l'odio*
o ciúme *la gelosia*
a inveja *l'invidia*
o orgulho *l'orgoglio*
a vaidade *la vanità*
a vontade *la volontà*
a sabedoria *la sapienza*
a raiva *la rabbia*
a serenidade *la serenità*
o espírito *lo spirito*
a inteligência *l'intelligenza*
a imaginação *l'immaginazione*
a estupidez *la stupidità*
o egoísmo *l'egoismo*

3.500 PALAVRAS EM ITALIANO

a generosidade *la generosità*
uma qualidade *una qualità*
um defeito *un difetto*
a intolerância *l'intolleranza*
a coragem *il coraggio*
a mesquinharia *la meschinità*
a hipocrisia *l'ipocrisia*
a lealdade *la lealtà*
a sensibilidade *la sensibilità*
o entusiasmo *l'entusiasmo*
a felicidade *la felicità*
a tristeza *la tristezza*
o desespero *la disperazione*
o desprezo *il disprezzo*
a amizade *l'amicizia*
a inimizade *l'inimicizia*
o otimismo *l'ottimismo*
o pessimismo *il pessimismo*
a angústia *l'angoscia*
o medo *la paura*

* * *

amado *amato*
terno *tenero*
bom *buono*
mau *cattivo*
odioso *odioso*
ciumento *geloso*
orgulhoso *orgoglioso*
vaidoso *vanitoso*
sábio *saggio*
raivoso *rabbioso*
espirituoso *spiritoso*
inteligente *intelligente*

SAÚDE SALUTE

imaginativo *immaginativo*
estúpido *stupido*
egoísta *egoista*
generoso *generoso*
intolerante *intollerante*
corajoso *coraggioso*
mesquinho *meschino*
hipócrita *ipocrita*
leal *leale*
sensível *sensibile*
entusiasta *entusiasta*
feliz *felice*
triste *triste*
desesperado *disperato*
desprezível *disprezzabile, spregevole*
amigável *amichevole*
inimigo *nemico*
otimista *ottimista*
pessimista *pessimista*
angustiado *angosciato*
amedrontado *impaurito*

* * *

amar *amare*
gostar *piacere*
odiar *odiare*
sentir *sentire*
temer *temere*
desejar *desiderare*
confiar *fidare, fidarsi*
mentir *mentire, dire bugie*
enganar *ingannare*
amedrontar *impaurire*

PALAVRAS ÚTEIS
PAROLE UTILI

sim *si*
não *no*
talvez *forse*
por que? *perché?*
porque *perché*
quanto *quanto*
quantos *quanti*
desde *da*
muito *molto*
muitos *molti*
pouco *poco*
bastante *più che abbastanza*
quando *quando*
antes *prima*
depois *dopo*
já *già*
nunca *mai*
sempre *sempre*
muitas vezes *molte volte*
agora *adesso*
entre *fra*
detrás *dietro*
debaixo *sotto*
sob *sotto*
por cima *sopra*
ao lado *accanto, di fianco*
através *attraverso*
perto *vicino*
longe *lontano*

PALAVRAS ÚTEIS PAROLE UTILI

para cima *verso l'alto*
para baixo *verso il basso*
diante de *davanti a*
sobre *sopra*
em *in*
dentro *dentro*
fora *fuori*
aqui *qui*
lá *là*
com *con*
sem *senza*
até *fino a*
mais *piú*
menos *meno*

* * *

grosso *grosso*
fino *fino*
gordo *grasso*
magro *magro*
vazio *vuoto*
cheio *pieno*
pesado *pesante*
leve *leggero*
largo *largo*
estreito *stretto*
comprido *lungo*
curto *corto*
alto *alto*
baixo *basso*
fundo *profondo*
raso *raso*
aberto *aperto*
fechado *chiuso*

3.500 PALAVRAS EM ITALIANO

vertical   *verticale*
horizontal   *orizzontale*
afiado   *affiliato*
embotado   *smussato, ottuso, spuntato*
entalhado   *impresso, intagliato*
em relevo   *in rilievo*
pontudo   *appuntito*
obtuso   *ottuso*
liso   *liscio*
áspero   *aspro*
íngreme   *ripido*
plano   *piano*
cedo (adiantado)   *de buonora, presto*
tarde (atrasado)   *tardi (ritardatario)*
bom dia   *buon giorno*
boa tarde   *buon pomeriggio*
boa noite   *buona sera*
boa noite (antes de dormir)   *buona notte*
por favor   *per piacere*
obrigado   *grazie*
de nada   *prego*
até logo, adeus   *ciao*
com licença   *permesso*
desculpe   *scusami*
até logo   *arrivederci, ciao*

Conheça também outros livros da série:

Este livro foi composto na fonte Sauna e
impresso em setembro de 2011 pela Yangraf Gráfica e
Editora Ltda., sobre papel offset 75g/m².